MEMÓRIA e CINZAS

COLEÇÃO PERSPECTIVAS
dirigida por J. Guinsburg

Supervisão editorial: J. Guinsburg
Preparação de texto: Marcio Honorio de Godoy
Revisão: Elen Durando
Capa: Sergio Kon
Produção: Ricardo W. Neves, Sergio Kon e Raquel Fernandes Abranches
Índice onomástico: Luciana Messeder

MEMÓRIA
e
CINZAS

vozes do silêncio

ORGANIZAÇÃO DE

EDELYN SCHWEIDSON

PERSPECTIVA

Dados Internacionais de Catalogação na Publicação (CIP)
(Câmara Brasileira do Livro, SP, Brasil)

Memória e cinzas: vozes do silêncio / organização de Edelyn Schweidson. – São Paulo: Perspectiva, 2009. – (Perspectivas / direção J. Guinsburg)

Vários autores.
Bibliografia.
ISBN 978-85-273-0871-7

1. Holocausto judeu (1939-1945) 2. Judaísmo 3. Judeus - História 4. Judeus – Perseguições 5. Memória 6. Psicanálise 7. Psicologia social 8. Violência - Aspectos sociais I. Schweidson, Edelyn. II. Guinsburg, J. III. Série.

09-10202 CDD-302

Índices para catálogo sistemático:

1. Judeus: História: Violência: Leituras psicanalíticas: Psicologia social 302

EDITORA PERSPECTIVA S.A.

Av. Brigadeiro Luís Antônio, 3025
01401-000 São Paulo SP Brasil
Telefax: (11) 3885-8388
www.editoraperspectiva.com.br

2009

Sumário

Agradecimentos

Minha gratidão à professora dra. Helena Lewin, que abriu as portas do Programa de Estudos Judaicos da UERJ para o colóquio "Memória e Cinzas – Vozes do Silêncio", que originou este livro. Bastião da memória, o Programa de Estudos Judaicos opõe-se ativamente à desmemória cultivada na atualidade.

Meus agradecimentos aos responsáveis pela realização do colóquio: são seus textos a escrever em grande parte este livro.

Agradeço a Johannes Kretschmer, que me instou a que traduzíssemos o texto de Kafka sobre a língua ídiche, inédito no Brasil. Professor da UERJ, Kretschmer tenciona ali abrir uma cadeira em seu departamento (setor de alemão/departamento de Letras Anglo-germânicas da UERJ) para o estudo da língua ídiche. Ensinou canções nesta língua para o coral da UERJ que, sem conhecer o ídiche, emocionou a todos os participantes do seminário sobre a língua alemã na UERJ.

Haveria muito a agradecer a Jacó e Gita Guinsburg, que acolheram este livro em sua editora, cujo compromisso com a transmissão revela a chama que as mais devastadoras intempéries não conseguiram apagar. Ao recolherem as "migalhas de luz", as palavras de culturas ameaçadas de extermínio num passado que perdura, Jacó e Gita também velam o seu lume e o irradiam.

A Fany, irmã de Gita, pela receptividade. A Ivone por seu sorriso generoso, quando nos fala por telefone.

A Claudia Chigres e Rose Singer, que revisaram os textos com engenho e arte.

Aos amigos, àqueles que apostam na memória como chama e criação, para que não se repita o inominável.

A Rebeca por sua leitura
A Micaela e Gabriel, meus filhos
À memória dos meus pais

Cinzas da Memória

J. Guinsburg e
Marcio Honorio de Godoy

Memórias e Cinzas, livro ora editado pela Perspectiva, reúne ensaios que, partindo de diferentes pontos de vista, expõe, ainda em carne viva, as cicatrizes e feridas com que os atos hediondos do nazismo marcaram não só o corpo de sua vítima eleita, o judeu, mas também o de toda humanidade, indo, em sua torpe faina, além de tudo o que as mentes homicidas, em máscara ideológica-religiosa, "ou na simples banalidade do mal", imaginaram e cometeram contra os seus semelhantes no curso da história. Mas esta obra não fica apenas no registro do inconcebível. Da mesma forma que denunciam o que há de mais execrável nesse ser imprevisível, capaz de perpetrar com programação sistemática as mais horrendas matanças, os autores mergulham também na fascinante aptidão que o homem tem, na sua postura, de resistir a si mesmo e enfrentar os monstros que ele gera e que o avassalam por dentro e por fora, submetendo-o ao suplício de sua consciência na roda do tempo. Ou seja, diante dos movimentos negacionistas sobre os repulsivos eventos que ameaçaram, e ainda ameaçam, destruir qualquer limite de ética no mundo, tentando afogar, no silêncio da omissão e da cumplicidade, as vozes dos fatos e da verdade a erguer-se contra a manipulação, a falsificação e a mórbida injustiça que é o acobertamento direto ou indireto das concepções, das responsabilidades e das ações nas supostas "máquinas" burocráticas e funcionalistas da carnagem em massa – diante disso, os presentes textos traduzem o imperativo de que a má fé e a insânia não descarnem um acontecimento cuja violência abismal deve ser exorcismada pelo pensamento crítico a fim de não deixar novamente a nossa existência à mercê do inimaginável, do indizível.

Assim, poderemos conhecer os trabalhos da linguagem humana em seu mais alto grau de significância e perceber as tramas envolvidas em textos agitados pela ação da memória pessoal e testemunhal – como abordam Márcio Seligmann, Marylink Kupferberg, Fabio Landa, Eduardo Vidal, Paulo Blank e Renato Lessa –, ora gerando significantes na tentativa de exprimir o intraduzível e imponderável, ora compondo silêncios repletos de significados, ora revelando pontos de tensão insuportáveis, quando a memória se faz tão viva quanto o ocorrido. Também se discute, neste livro, as potências da língua escrita e falada que Franz Kafka evidencia no idioma ídiche, como voz pulsante de vida e criatividade, em resposta à morte e destruição, renovando-se, por seu poder verbal de adaptação e auto-inseminação, na errância da qual fala J. Guinsburg.

Por sua vez, dando ênfase à atual tendência de retorno à sensibilidade e prática religiosas no mundo, Sergio Paulo Rouanet demonstra que esse fenômeno tanto revela sua face mais "'civilizada' como suas variantes mais malignas, as fundamentalistas", presentes desde sempre, em latência, nos três monoteísmos. Ele convida o leitor, desta forma, a prevenir-se e até a manifestar-se sobre acontecimentos recentes como a política soberba e preconceituada da era buschiana com relação a outras culturas, relembra os conflitos intermináveis do Oriente Médio e alerta, perplexo, compartilhando a constatação de Brecht, que a cadela que pariu o antissemitismo pode estar novamente no cio. E, sendo mais incisivo, tem a impressão, diante de certos pronunciamentos, "de que o parto já ocorreu e de que os filhotes infernais, *pit bulls* de um novo Holocausto, já deram início à sua temporada de caça".

Se no estranhamento, embate, choque, fricção de culturas muitas vezes ocorre o feliz vagido da novidade resultado de encontros e desencontros, no caso da brutalidade nazista, os que sofreram o massacre convivem com o trauma da ruptura, da violência e da morte, lutando para extrair de significantes compartilhados, mas negados ao violentado pelo violentador, algo que não termine em completa afasia. A relação de Paul Celan com o alemão, idioma materno do poeta e dos que mataram sua mãe, é um exemplo desse movimento poético discursivo revelado como ato performático no estudo da psicanalista e organizadora destas páginas de *Memória e Cinzas*, Edelyn Schweidson. Num esforço para manifestar e denunciar a mancha com a qual irá conviver, Celan experimenta refazer o alemão como quem procura restituir em outra dimensão o respiro sufocado que leva ao afogamento na inexpressão. É esse esforço, enfim, que perpassa a matéria de todos os ensaios expostos nesta obra, arrancando, do subterrâneo da coisificação em que se tenta relegar a espantosa experiência histórica do povo judeu, filigranas textuais das digitais nas trevas e no nada impressas nas mudanças drásticas da voz, da mente, do corpo, do espírito, a explodir no olhar, nos gestos, no som e fúria de quem se vê sempre ameaçado pela mordaça do esquecimento.

Introdução

Edelyn Schweidson

... depois de Auschwitz, nada aconteceu que pudéssemos viver como a refutação de Auschwitz.

IMRE KERTÉSZ[1]

"Memória e Cinzas – Vozes do Silêncio", colóquio que deu origem a este livro, realizou-se junto ao Programa de Estudos Judaicos da UERJ em 2005. O evento convocava a uma reflexão interdisciplinar acerca de catástrofes que têm marcado o nosso tempo no que concerne à memória. Imobilizada por traumas, à mercê daqueles que a negam e distorcem, a memória traz em si o potencial de libertar passados de opressões e exclusão.

Libelo de Kafka pelo Ídiche

Inédito no Brasil, o "Discurso sobre o Ídiche" (18/02/1912)[2] de Franz Kafka, ausente de muitas edições da sua obra, abre este livro e o configura por representar um libelo pelo ídiche, floração de uma cultura exterminada. Renegado, desconhecido e desdenhado por grande parte dos judeus súditos do Império Austro-Húngaro, o ídiche era a língua materna, pulsante de vida, dos seus irmãos do leste europeu, discriminados, isolados em guetos, ameaçados por *pogroms*. Os ouvintes de Kafka recusavam-se ao ídiche (designado de jargão) do mesmo modo que buscavam diferençar-se daqueles que o usavam. Kafka se põe em defesa do ídiche, ciente da inutilidade desta negação de pertinência a uma tradição ameaçada, na tentativa de despertar seus compatriotas, através do seu texto contundente, para o fato de que o ídiche estava entranhado neles e que sua segurança

1 *Un Autre*. Paris: Actes Sud, 1999, p. 85.

2 F. Kafka [1913], Einleitungsvortrag über Jargon, em *Nachgelassene Schriften und Fragmente I*, Frankfurt am Main: S. Fischer Verlag, 1993, v. VI, p. 149-153.

era apenas ilusória: estavam todos na visada do ódio avassalador que se alastrava já então, invisível para muitos, percebido pelo escritor.

Kafka discorre sobre esta mais jovem língua europeia com a mesma paixão pelos deserdados que revela em sua obra.

Falava, na ocasião, a pessoas em cujos semblantes lia medo e repulsa, e dizia-lhes que se viessem, pois, a se permitir emocionar-se com o ídiche, não teriam mais medo desta língua, mas sim deles próprios. Porém, mais forte do que o medo seria a confiança neles mesmos que o ídiche comunicaria, através de uma assunção do que em si próprios fora oprimido, negado.

A segurança que sentiam como europeus ocidentais, dissociados dos judeus do leste, era infundada, porque apenas aparente, percebe Kafka. A partir do ídiche que os habitava sem que o soubessem, porque lhes fora transmitido à revelia de quem o transmitia, através do alemão de suas mães que o encobria, qual trauma indizível, eles saberiam deles próprios, e da emoção, musicalidade e liberdade expressiva que lhes haviam sido vetadas, para que fossem aceitos, diferençados dos seus irmãos perseguidos, e não soubessem das ameaças que pairavam sobre todos.

A língua errante, de que fala J. Guinsburg, fora banida por grande parte dos judeus da Europa Ocidental, que pensavam assim livrar-se do que os fazia conspícuos e não tolerados. Kafka revela-lhes não poderem dissociar-se dos judeus perseguidos, porque comungam da mesma fonte cultural, neles recalcada; o temor que sentem do ídiche decorreria justo do seu desmentido de estarem, como aqueles, à mercê da intolerância ao diferente. Profeticamente, Kafka questiona a segurança aparente em que viviam.

Porém, não só a língua tcheca e o ídiche eram oprimidos pelo alemão dominante; o próprio alemão sofria deturpações, sendo usado burocraticamente, a serviço do poder, oprimido por sua opressão.

Kafka parece sugerir que a própria língua alemã seja libertada. Por isso, é nela que escreve, dando expressão, através dela, a outras línguas que a fecundam e recriam, permitindo-lhe infletir-se até os seus limites e rompê-los, dando voz aos que por ela eram emudecidos, como ele o faz em sua obra, onde são os animais, as crianças e os semi-humanos que melhor percebem as entrelinhas dos acontecimentos.

Depois de Kafka

Depois, novos esquecimentos advieram e novos alertas se fizeram ouvir. Em seu diário recém-descoberto, escrito durante a ocupação nazista de Paris, Hélène Berr, morta em Bergen-Belsen, aos 24 anos de idade, em consequência dos maus-tratos sofridos, escreve: "Como a moral e o respeito à humanidade desaparecem rapidamente quando se ultrapassa um certo limite! Num piscar de olhos, retornamos ao estado de animais. Faz bastante tempo que os nazistas retornaram a esse estágio. Eles brincam com seus revólveres, com a morte, como se fosse um lenço de bolso."[3]

No vazio provocado pelo trauma, agem aqueles que, ávidos de um poder sem limites, distorcem e negam a História, a fim de fazê-la repetir-se sob seu controle. Nestas circunstâncias, testemunho e memória revelam-se temas de alto relevo.

O Trauma em Freud, Caruth, Benjamin e Felman

A percepção de Freud, de que traumas individuais e coletivos formam um *continuum*[4], é ainda mais pertinente na atualidade, quando vítimas de *inviviveis* passaram a ser ouvidas e a se perceber não mais sozinhas: um coro de vozes se ergue a reivindicar escuta e resposta, não mais emudecidas pelo que até então lhes parecera transgressão excepcional e isolada do humano.

Freud, no entanto, já alertara para o aspecto perverso-polimorfo de nossas pulsões, e também nos revelara ser próprio do trauma o sujeito ausentar-se de sua ocorrência, o seu recalcamento ou desmentido. Cathy Caruth refere-se a este evento sem sujeito: a cena traumática se imprime no corpo dessubjetivado, à semelhança de imagens numa câmera fotográfica[5]. Assim, o evento permanece intacto e desconhecido pelo sujeito, repetindo-se sem cessar num *a posteriori* (Nachträglich) que retorna sem

3 *O Diário de Hélène Berr*, trad. de Bernardo Azjenberg, Rio de Janeiro: Objetiva, 2008, p. 271.

4 S. Freud [1939], Moses and Monotheism, em *The Standard Edition of the Complete Psychological Works of Sigmund Freud*, Great Britain: The Hogarth Press, 1964, v. XXIII.

5 *Unclaimed Experience*, Baltimore: The Johns Hopkins University Press, 1996.

nunca se fazer passado, em busca de uma simbolização que lhe escapa. Neste sentido, a vítima é sem voz e sem memória, aniquilada pelo algoz, mero corpo que um trauma desconhecido habita.

Nesta *era do testemunho* também comparece a crise do testemunhar: os algozes ocultam e negam seus crimes, as vítimas descreem do que lhes acontece e nada veem, e os circundantes cegam-se para se omitirem.

O silêncio das vítimas também decorre do sentimento de que ninguém lhes faria fé, se falassem do que aconteceu: os limites do crível são sempre ultrapassados pelos criminosos, eliminado dos seus atos o que se acredita próprio do humano.

Como Freud, Walter Benjamin também escreveu sobre o impedimento das vozes dos que foram traumatizados[6]. São eles os oprimidos, ausentes das narrativas dos vencedores, cujo tempo linear encadeia suas vitórias. Para que haja uma história dos oprimidos, dizia Benjamin, é preciso percebê-la como não transcorrendo em um tempo linear, mas feita de *agoras*: momentos no presente em que choques traumáticos congelam uma imagem que se constela com outra semelhante no passado, permitindo acesso ao inconsciente, o que pode gerar uma ação libertária por vítimas do passado, que pulverize o contínuo da história dos opressores.

Esta história não linear dos oprimidos alia-se à percepção de Freud de uma história que seria a de um trauma e que não permitiria uma referência direta, por ser inenarrável.

Ao escrever sobre a cegueira traumática, Shoshana Felman cita o julgamento de O. J. Simpson e o fato de o júri ter inocentado o réu do assassinato de sua esposa, apesar da evidência de sua culpa – fotos que revelam a brutalização que acarretara a morte[7]. A partir daí, Felman desenvolve alguns pontos: o trauma racial, com os negros nos Estados Unidos tendo sido consistentemente vítimas da "justiça" branca racista, tornou invisível para os membros negros do júri, inclusive para as mulheres negras, a evidência do crime contra a mulher. Um trauma cegara para o outro: os membros negros do júri viram em Simpson o representante de todos os negros injustiçados por tribunais americanos, e não enxergaram a violência contra a mulher que as fotos revelavam.

6 Theses on the Philosophy of History, em Hannah Arendt (ed.), *Walter Benjamin – Illuminations*, New York: Schocken Books, 1968, p. 253-258.

7 *The Juridical Unconscious*, Cambridge: Harvard University Press, 2002.

Felman também discute a invisibilidade do ódio e da violência que nos cegam. Neste sentido, a afirmação de Benjamin de que todo monumento cultural é também um monumento à barbárie[8] contribui para se compreender que há evidências que nos ofuscam: são os opressores, de modo geral, a exibir as evidências, como os monumentos aos seus feitos, a fim de apagar os rastros dos seus crimes e negar às vítimas o seu ponto de vista, do mesmo modo que o trauma as cega para a sua vitimização.

Monumentos e imagens são armas dos poderosos para ocultar seus crimes. Quando mostradas estas evidências – como as fotos reveladoras da brutalização, no julgamento de O. J. Simpson –, elas ocupam o lugar que, habitualmente, é o da sua camuflagem, e passam a ser percebidas com a função de ocultar e negar, e não como as provas criminais que são. Este fenômeno também está na origem da frequente banalização da memória traumática, a sua repetida negação, através de memoriais que, ao invés de permitirem a lembrança e o luto, agem no sentido inverso, o de facilitar seu desmentido. Nesta direção, Umberto Eco escreveu que é sempre quando uma vez mais os *Protocolos*, de nefanda memória, são comprovados como uma forja, que retornam com maior força de convicção[9].

Testemunhos: Entre História e Trauma

O texto de Márcio Seligmann-Silva dialoga com questões acima referidas, ao sublinhar a importância do tema do testemunho para os estudos sobre a Schoá e os dedicados ao *testimonio* hispano-americano nas últimas décadas. Valorizando a estreita relação entre o testemunho e a cena jurídica, desde os seus primórdios na Grécia antiga, o autor comenta a encenação do primeiro tribunal "humano" nas *Eumênides*, de Ésquilo, e o fato de esse tribunal permanecer tributário da lógica da vingança e da violência do mundo mítico. Ao testemunho do século XX, sobrevivente de catástrofes, caberia buscar superar a polaridade crime-vingança, e as demais heranças míticas que impedem o conhecimento histórico.

O autor contrasta o paradigma patrilinear do testemunho de cunho positivista com o paradigma do sobrevivente. O primeiro, baseado principalmente na evidência visual, supõe o trânsito possível entre o tempo da

8 Op. cit., p. 256.

9 Introduction, em Will Eisner, *The Plot: The Secret Story of the Protocols of the Elders of Zion*, New York: W. W. Norton, 2005, p. v-II.

história e o da sua escrita. O segundo, que testemunha através da sua própria voz e escrita sobre a fronteira da morte, supõe, ao contrário, uma intransponibilidade entre as palavras e esta experiência.

Diz-nos o autor que o sobrevivente demonstra ser impossível a passagem entre o trauma sofrido e o simbólico, e que a linguagem, sobretudo a poética, busca este impossível – neste sentido, nos reportaremos adiante ao relato de Felman sobre o julgamento de Eichmann.

Segundo Seligmann, fato e ficção são indissociáveis no testemunho devido ao seu duplo compromisso com o "histórico" e com o "real", na sua dimensão traumática. Assim, exigências de referências imediatas à história, através de evidências não mediatizadas pelo discurso, como preconiza o positivismo, não passam de artifícios com a finalidade de negar a história, como o fazem os negacionistas.

Quanto à evidência no testemunho, cabe lembrar que, nos debates sobre a Schoá, os negacionistas buscaram conduzi-los, na sequência às suas afirmações de que as câmaras de gás não haviam existido, para o terreno do positivismo, falsamente afirmado como único critério científico de evidência, onde a prova de que ali pessoas teriam sido mortas exigiria, para o testemunho ser considerado válido, que seu próprio agente tivesse passado pela câmara de gás (testemunho como evidência, segundo Seligmann).

Este questionamento das testemunhas, sob a falsa alegação de obediência a critérios legais e/ou científicos, projeta uma estranha luz sobre a ciência e sobre a justiça, e ajuda a compreender o desespero de muitos sobreviventes que depois se suicidaram; para eles, Auschwitz continuava.

Kupferberg escreve que, de modo geral, havia pouco interesse no relato dos sobreviventes, e eles mantinham silêncio. Só depois do julgamento de Eichmann passou-se a ouvi-los.

No julgamento de Eichmann, buscou-se dar voz aos que haviam sido silenciados, permitindo a passagem do seu silêncio a uma narrativa coletiva de sua vitimização. Felman relata o momento em que o inconsciente da lei dominou a cena do tribunal, com a irrupção do trauma não contível pelo enquadramento jurídico ou pela linearidade narrativa[10].

Isto se deu quando da intervenção de um sobrevivente que se autodenominava Ka-Tzetnik, um escritor que abdicara do seu nome próprio, a fim de falar em nome de todas as vítimas, cujos nomes lhes haviam sido subtraídos: daí designar-se com o termo pelo qual os campos eram conhecidos. Ka-Tzetnik refere-se ao planeta Auschwitz, onde os habitantes não tinham

10 Ver *The Juridical Unconscious.*

nomes, nem pais, nem filhos e mesmo seu respirar obedecia a leis de outra natureza. Ka-Tzetnik diz que eles o deixavam, e repete incessantemente que os vê, como se a cena se desenrolasse naquele momento à sua frente. É quando o juiz intervém, apelando-o por seu nome legal e pedindo-lhe que o ouvisse[11].

Ka-Tzetnik levantou-se para em seguida cair no chão, desacordado. Ficou entre a vida e a morte, por duas semanas, em coma paralítico. Felman vê nesta queda do seu corpo a evidência do que no trauma é inexprimível, que irrompe dominando a corte de justiça, que acreditava fosse possível uma narrativa no presente sobre aquele passado. Ka-Tzetnik estava em Auschwitz, no momento da separação entre os vivos e os mortos, no olhar que se trocam antes de se separarem. Quando é interpelado pelo juiz, é como se o fosse pelos guardas de Auschwitz, tendo que obedecer a ordens estritas, apenas responder às perguntas, o que para ele representava a ameaça de ser aniquilado. É quando desmaia.

Ka-Tzetnik estava no "real" de Auschwitz, do qual era um número, não tinha um nome que o inscrevesse no simbólico. Ser interpelado por seu nome, na tentativa de trazê-lo para o simbólico, fazê-lo ingressar na cadeia significante e no presente do julgamento era-lhe passagem impossível.

O trauma não é esgotável por narrativas jurídicas ou históricas, porque no seu bojo está o sem expressão[12], produzido por uma ausência de experiências, roubadas do sujeito pelas catástrofes. Como Seligmann, Felman pensa que o trauma só é passível de transmissão através de um meio artístico, que respeite a fragmentação, os silêncios, as repetições que ele contém, em suma, a sua inadequabilidade para uma narrativa linear. Neste tempo não linear que o trauma instaura, que faz repensar toda a história como uma construção da qual fatos e ficção participam, toda a referência direta ou linear é impossível.

Ka-Tzetnik, um escritor devotado a transmitir e, para isto, buscando expressão para a sua não experiência, ao encontrar-se com o inenarrável, "o expressa" através do silêncio que o interrompe, por meio da queda do seu corpo.

Renato Lessa, em "O Silêncio e sua Representação", valoriza o testemunho da escrita de Primo Levi, por usar de artifícios literários que sensibilizam seus leitores para a importância do silêncio na aniquilação de um homem.

11 Idem, p. 136.

12 W. Benjamin [1955], On Language as Such and on the Language of Man Reflections, em Peter Demetz (org.), *Walter Benjamin – Relflections*,New York: Schocken Books, 1978, p. 314-332.

O texto de Lessa aborda Auschwitz como o lugar onde é concebível a vitória total do silêncio sobre as vozes humanas. Isto porque em Auschwitz eliminava-se a possibilidade da elaboração simbólica, atributo básico da natureza humana.

O autor indaga sobre a capacidade da linguagem de testemunhar um mundo no qual esta foi suprimida. Ao relatar sua visita a Auschwitz-I, percebe que a própria experiência com o silêncio é impedida por uma representação museológica que, ao buscar fazê-lo falar, o suprime.

No *proceder por fragmentos* da escrita leviniana, pormenores de grande força dramática buscam transmitir este silêncio, ao representar metonimicamente algo da essência do Campo. Diante do absurdo, Levi se faz um observador sem sistemas, como *sujeito de uma experiência que se reconstitui a partir da apresentação de fragmentos.* Esta estética de fragmentos busca a formação de um *nexo de ordem mais moral que cognitiva* com o leitor, sensibilizando-o à dor humana e ao absurdo. Lessa demonstra os recursos literários através dos quais Levi interrompe a incolumidade dos leitores, trazendo-nos o imperativo ético de uma escuta, de uma responsabilidade de todos pelo testemunho. Enfim, o testemunho literário de Levi aproxima-nos do silêncio traumático e nos engaja com a sua transmissão, enquanto que a representação museológica deste silêncio o impede e encobre. Seria a arte a transmitir o que de outro modo permanece intransmissível.

Transmissão Intergeracional do Trauma

Ao escrever sobre sonhos traumáticos, Freud apresenta um pai que adormecera quando seu filho morto estava sendo velado, e que sonha, ao tempo em que um incêndio ameaça o cadáver, que seu filho se aproxima e lhe diz: "Pai, não vês que queimo?"[13] Segundo Caruth, este sonho traumático acorda o pai para a morte do filho[14]. (O pai sonhava, ao invés de acordar, talvez porque não suportasse, acordado, *fora de um sonho ou de uma ficção*, saber que seu filho estava morto). Para Caruth, seria esta a função do trauma: despertar-nos para nossa impossível responsabilidade ética pela morte dos outros, para o encontro faltoso com nossos mortos, para nos despedirmos

13 S. Freud [1900], The Interpretation of Dreams, em *The SE of the Collected Psychological Works of Sigmund Freud*, London: Hogarth, 1958, v. v, capítulo VII, p. 509-511.

14 Op. cit., p. 93.

deles, para podermos testemunhar por eles e transmitir esta responsabilidade aos nossos interlocutores.

Em "Zonas de Silêncio e Segredo Familiar: A Transmissão Interrompida", Marylink Kupferberg, na condição de filha de sobreviventes da Schoá, sentiu-se chamada a escutar os efeitos da catástrofe, transmitidos, sobretudo, através de *silêncios* e, como psicanalista, buscou compreender o trauma e sua transmissão intergeracional. A autora nos fala das zonas de silêncio e segredo instauradas tanto nas vidas das vítimas como nas dos seus algozes, que impediram a elaboração dos traumas, o luto pelas perdas, perpetuando efeitos traumáticos, transmitidos para a geração seguinte. Menciona ainda um outro silêncio – o da indiferença e cumplicidade dos que nada fizeram para impedir o crime.

O passado, silenciado, de vez em quando se manifestava através da injunção paradoxal de que os filhos não esquecessem do que, afinal, não lhes era permitido saber. As narrativas produzidas resultavam contraditórias, buscando ao mesmo tempo revelar e dissimular lembranças traumáticas, produzindo efeitos patológicos. Deste modo, a segunda geração ficou encarregada de fazer o luto e elaborar o trauma, a fim de não perpetuá-lo nas gerações seguintes.

Nos escritos biográficos de Freud, há a evidência desta transmissão transgeracional do trauma em sua própria vida. Às vésperas de fugir para a Inglaterra, deixando Viena, onde vivera a maior parte de sua vida, Freud escreve para seu filho Ernst com a esperança de rever a todos de sua família e de poder morrer em liberdade: "Às vezes, eu me vejo como um velho Jacó, sendo levado para o Egito por seus filhos. Esperemos que não se siga um êxodo do Egito. Já é hora de Ahasverus descansar, em algum lugar"[15].

Ser obrigado a deixar a cidade que acreditara sua foi um golpe para Freud, que sempre apostara nas conquistas das ciências, a psicanálise entre elas, para o controle dos aspectos tanáticos do homem.

Freud estava a par do antissemitismo atuante e das teses raciais, que também haviam sido adotadas por Jung, a quem escolhera como seu herdeiro, e que escrevera que a psicanálise era uma ciência judia. Jung também mantinha que o inconsciente ariano era superior ao inconsciente judeu e que não devia permitir-se aos psicanalistas judeus, poluidores do inconsciente ariano, que atendessem a pacientes arianos, nem tampouco tinham eles o que fazer na Europa[16]. Contra tais invectivas, Freud afirmava a psicanálise

15 *Briefe 1873-1939*, Frankfurt am Main: S. Fischer Verlag, 1960, p. 435-436.

16 Geoffrey Cocks, *Psychotherapy under the Third Reich: The Göring Institute*, New York: Oxford, 1982.

como ciência universal e o seu direito de permanecer na Europa, como qualquer outro europeu.

Nesta carta ao filho, Freud chama a atenção dos seus aos sinais dos tempos. Na tradição judaica, a relação entre presente e passado é constante e de mão dupla: estamos todos presentes na travessia do Mar Vermelho, na passagem da escravidão à liberdade. Na missiva, Freud faz votos que não se siga um êxodo do Egito, justamente o tema do livro que estava escrevendo, "Moisés e a Religião Monoteísta", no qual analisa a repetição traumática.

Sua própria família de origem fora marcada por esta questão: seu pai pertencera a um grupo de mercadores migrantes judeus, que se deslocavam entre a Galícia, sob o domínio austro-húngaro, e Freiburg, na Morávia, na condição de judeus tolerados[17]. Aos cinco anos de idade, Freud emigrou com sua família para Viena, onde os judeus não sofriam as restrições e não existiam os *pogroms*, o seu lote na Europa do leste. Visando mostrar-lhe a melhora havida desde os tempos de sua juventude, seu pai, um dia, contou-lhe o seguinte episódio: saíra para passear, quando um jovem cristão aproximou-se e com um golpe atirou seu chapéu na lama, gritando-lhe: "Judeu! Fora da calçada!" À pergunta de Freud sobre sua reação, seu pai respondeu que descera o meio-fio e apanhara o chapéu[18]. Incomodado com o que lhe pareceu uma conduta paterna não heroica, Freud contrastou esta resposta com a do pai do general cartaginês Aníbal, que fizera seu filho jurar que se vingaria dos romanos.

Ainda na carta ao filho, Freud faz referência ao mito cristão do judeu errante Ahasverus, que os nazistas haviam posto na ordem do dia. Esta menção é um alerta de Freud aos seus, de que prestassem atenção aos prenúncios de possíveis repetições da história traumática. O retorno de antigos clichês antissemitas não augurava o fim da errância para os judeus. Freud parece endereçar sua carta a vários interlocutores simultâneos: aos que o acolhiam, comunicava sua esperança de poder enfim descansar neste novo porto seguro que a Inglaterra representava. Aos familiares, com a história das renovadas perseguições, a carta trazia o aviso de que o mito antiquíssimo do judeu sobrecarregado de culpas a expiar mais uma vez retornara à Europa, e que poderia ressurgir também na terra que naquele momento lhes era um porto

17 Martin S. Bergmann, Moses and the Evolution of Freud's Jewish Identity, em Mortimer Ostow (ed.), *Judaism and Psychoanalysis*, London: Karnac, 1982, p. 111-153.

18 S. Freud [1900], The Interpretation of Dreams, em *The SE of the Collected Psychological Works of Sigmund Freud*, 1953, v. IV, p. 197.

seguro. Nas reedições dos mitos antissemitas, reencenava-se a história traumática do seu povo.

Na carta, a seguinte frase chama a atenção: "Dois prospectos sustentaram-me em continuar, nestes tempos sombrios: juntar-me a vocês todos e – morrer em liberdade". As últimas palavras desta sentença, morrer em liberdade, são escritas em inglês, e não em alemão, como o resto da carta. Freud não faz uso da expressão costumeira *morrer em paz*, mas escreve *morrer em liberdade*. Na tradição judaica, liberdade corresponde à saída dos judeus do Egito, para chegarem à terra que consideraram como sua. A Inglaterra é um Egito, como o percebe Freud nesta carta traumática. No trauma que vive, ele nos transmite mais do que talvez possa perceber, mais do que talvez possamos perceber[19].

Caruth comenta que o *insight* central de Freud em "Moisés e o Monoteísmo" é que "a história, como o trauma, não é nunca apenas nossa, que história é precisamente o modo pelo qual estamos implicados nos traumas uns dos outros"[20].

Especularidade da Violência Traumática

"A Guerra dos Fundamentalismos", de Sergio Paulo Rouanet, analisa as extraordinárias semelhanças entre os três fundamentalismos monoteístas que se combatem nos dias de hoje – o islâmico, o judaico e o cristão –, como a rejeição à modernidade política, com seu respeito ao pluralismo e aos direitos humanos, e à modernidade cultural, com sua visão secular do

19 Sob impacto do trauma, o eu cinde-se entre reconhecer uma percepção e desmenti-la. Do mesmo modo, nesta carta, Freud parece dividir-se: afirma a Inglaterra como porto seguro e, ao mesmo tempo, refere-se ao episódio bíblico do êxodo do Egito, como a questionar a segurança do porto. Entre a ilusão de tempos melhores e o trauma que retorna, Freud volta-se à promessa de uma terra de liberdade. Embora ocasionalmente Freud pareça afirmar a escrita como a Terra Prometida da psicanálise e da judeidade, naquele momento os judeus estavam sendo ameaçados enquanto criaturas e precisavam de um chão não metafórico para acolhê-los. Na carta, Freud parece operacionalizar o trauma (e não cindir-se, sob seu efeito), a fim de acordar aqueles que o pudessem ler nas entrelinhas. Ao fazê-lo, não alarma; apenas alerta para os sinais do retorno traumático. Deste modo, transmite a psicanálise em ato da sua escrita.

20 Op. cit., p. 24.

mundo. Fatores objetivos na origem destes fundamentalismos atuais são indicados, e convoca-se a psicanálise para ajudar a compreender os fatores subjetivos subjacentes.

O texto aborda a visão freudiana da religião, sobretudo nas críticas que lhe faz por levar seus membros a se unirem em violências contra os demais, e propõe a teoria psicanalítica do trauma – dada a grande incidência de traumas coletivos na atualidade – a fim de entender a violência fundamentalista atual: ela consistiria de reações diferidas a traumas coletivos vividos na transição para a modernidade, à semelhança da hipótese de Freud, em "Moisés e o Monoteísmo", sobre o trauma coletivo da culpa pelo assassinato do pai primevo.

De acordo com o autor, deflagradores dos sintomas do trauma, entre os quais a derrocada do marxismo e a globalização em suas consequências nefastas, teriam reativado a memória da derrota das religiões produzida pela secularização moderna.

Contra a guerra dos fundamentalismos, Rouanet advoga ações que corrijam injustiças de toda ordem, o exercício de pressões multilaterais para acabar com o conflito do Oriente Médio, e convoca a psicanálise para a implementação de uma educação de base laica que vise eliminar as raízes psíquicas da intolerância, "entre elas o antissemitismo, a mais obscena de todas e que se encontra novamente em ação, o que se percebe em pronunciamentos por pessoas que se acreditam de esquerda".

A especularidade entre os três fundamentalismos concorre com a análise de Rouanet. As acusações recíprocas entre eles se valem dos mesmos significantes repetitivos, como se num pingue-pongue mortífero que resulta em violências renovadas. Na competição entre memórias coletivas, na desautorização de uns pelos outros, esforços pela paz não resultam. No acúmulo crescente de memórias traumáticas, há prenúncios de repetições. A afirmação recente de um ministro da defesa de Israel, de que faria uma Schoá em Gaza, mostrou a plena vigência do trauma na repetição de um significante aterrador, que identifica a catástrofe no seu aspecto específico de genocídio do povo judeu.

Em cena, os que manipulam os traumas, como o negacionista presidente do Irã, que disputa "cientificamente" a existência da Schoá e, ao mesmo tempo, ameaça Israel de varrê-lo do mapa. Ele buscou interlocução com os neonazistas alemães, chamando-os a unirem-se a ele; e nunca menciona Israel pelo nome, mas como entidade sionista, um micróbio a extirpar, repetindo os significantes dos nazistas, a fim de desumanizar os judeus.

Sem Palavras, a Psicanálise

Em "Depois de Tudo, a Psicanálise", Fabio Landa pergunta se existiria hoje a possibilidade de um discurso que não passasse por Auschwitz, ou Hiroshima. Ao citar trechos dos escritos de Gradowski, que foi *sonderkommando* em *Auschwitz e guardou seus escritos entre as cinzas,* Landa comenta sobre o abalo que nos causam, por interrogarem "a história do homem tal como o homem se conta sua história".

Ao transcrever o relato de Aharon Appelfeld sobre o campo de Kaltchund, o autor diz-nos que ele atesta a existência de um novo ser na escala zoológica, híbrido de cão, lobo e homem, capaz de monstruosidades sem nome contra os filhos do homem. Ao se perguntar sobre a língua que fala este novo ser, Landa cita Karl Kraus, que escreveu a respeito de uma língua nascente na Alemanha nazista, que estuprava as suas próprias palavras. A figura híbrida que nasce do estupro das palavras tem que ser reconhecida pelo discurso analítico e mesmo transformá-lo, se for para este produzir efeitos, e não se reduzir a mero discurso de fachada, diz-nos o autor.

O horror que Landa relata ecoa com as leituras de Emmanuel Lévinas, onde se comenta que a memória não guarda o horror passado, que volta a ameaçar sempre de novo[21].

A Psicanálise e a Escrita-Invenção do Real

"Facticidade", de Eduardo Vidal, valoriza a dimensão ética da memória, que se enlaça à escrita para inscrever a perda no simbólico, permitindo o trabalho do luto. As "Madres de Plaza de Mayo" lutam pelo direito humano a esta inscrição dos nomes dos seres queridos que lhes foram arrancados, exigindo saber do destino que lhes foi dado.

A psicanálise, diz-nos o autor, convoca a uma escrita que invente o "real". Por nada querer saber da verdade, o homem recalca, desmente, cega-se, e o real traumático da morte e do sexo não se inscreve no inconsciente. Em seu lugar, há o que Lacan chama de *troumatisme* (*trou* é buraco, em francês), um vazio que a escrita do inconsciente contorna, camufla e cifra. A psicanálise propõe uma leitura decifradora desta escrita, através de suas construções que dão uma notícia do trauma.

21 Ver *In the Time of the Nations*, Bloomington: Indiana University Press, 1994.

Vidal escreve que Freud considerava o mito do assassinato do pai primevo, sem limites ao gozo, como tendo realmente acontecido nos primórdios da humanidade. Este ato parricida, trauma fundante da cultura, teria caído no esquecimento, sob efeito do recalque primário. Ao retornar em ondas e "aparecer" no real sempre como se pela primeira vez, este pai gozoso ameaça nossa civilização baseada no seu recalque, por fazer uso das suas conquistas para a destruição.

Já a facticidade, escreve Vidal, refere-se a ser o fato de ordem discursiva e, portanto, inseparável da ficção, sem a qual não se escreve. Enquanto uma escrita a serviço da realidade empírica não permite uma leitura decifradora, a facticidade convoca a esta leitura, ao propor uma escrita que inventa o real, *pescando nas entrelinhas* o impossível de se escrever. Assim, força a que se escreva o trauma sempre de outras maneiras, provocando mudanças e acordando para a responsabilidade ética diante daquilo que produziu Auschwitz e que, no dizer de Imre Kertész, como um metrônomo, em surdina, bate o ritmo da destruição humana[22].

Segundo o autor, ao escrever "Moisés e o Monoteísmo", Freud abandonou a segurança de pertencimentos, arrostando o desagrado de todos, nesta escrita-invenção do real que, como o delírio, busca fragmentos da verdade rejeitada no passado, a fim de colocá-los no lugar do que foi rejeitado no presente. Ao buscar as origens do monoteísmo, Freud persegue a verdade, cuja negação sustenta as religiões e a própria cultura sofisticada que permitiu Auschwitz e sua continuação.

A Memória Poética

Em texto poético, "A Memória da minha Mãe", Paulo Blank compartilha conosco o fato de ter-se tornado o depositário das memórias de sua mãe, suas lembranças de uma Polônia de sons estranhos e canções, com ele cantadas e dançadas. Toda uma transmissão oral de culturas e línguas, emocionada e vívida, acontecia entre os dois. Ela o alfabetizara no ídiche, ensinando-lhe a valorizar as "belas palavras", e ele se transformou no arquivo vivo das vivências dela. O texto transmite as experiências do filho com sua mãe, num presente poroso para o passado que ela vivera e com o qual ela presenteava o autor. Mais tarde, seria ele a presenteá-la com as memórias que ela lhe havia ofertado.

22 Ver *Un Autre*, op. cit.

Refazer a Língua (Celan)

Em "Guardadas pelas Cinzas, Poesias de Paul Celan", abordo a obra do poeta em sua dimensão de porta-voz das vozes emudecidas por Auschwitz. Ao testemunhar pelas vítimas, o poeta une sua voz às delas, num embate com a língua alemã, sua língua materna, que o orfanizara.

A sua obra revela que o nazismo continuava, e buscava negar o que escrevia, interpretando-o contra o que afirmava dizer. Seu embate com Heidegger revela a continuada adesão do filósofo ao nazismo e sua tentativa de invalidar a voz do poeta. Ao procurar os rastros do crime nas cinzas entre as palavras, Celan luta para retirar a língua dos algozes e refazê-la, abrindo-a para a outridade que ela tentara aniquilar, recriando-a no encontro com aqueles que eliminara de si.

Fagulhas do Ídiche, no Presente

Em "Fagulhas sobre as Cinzas", J. Guinsburg, autor de *Aventuras de Uma Língua Errante* nos fala do ídiche, esta língua incinerada pela besta nazista, na impossibilidade de exterminar os que estavam fora de seu alcance geográfico, quando da sua tentativa de aniquilar todo o povo judeu.

No entanto, diz-nos J. Guinsburg, o ídiche vem demonstrando um inesperado poder de sobrevida, desde o fim da Segunda Guerra Mundial. Não se pode, portanto, imaginar o ídiche como tendo cessado a sua errância e pujança. Nem seria isto pensável de uma língua que produziu fagulhas tão luminosas quando soterrada sob cinzas. Guinsburg nos apresenta poemas em ídiche, traduzidos para o português, dos que viveram "em suas veias a pulsação da palavra do insondável".

No seu texto seguinte, "O Ídiche no Brasil", Guinsburg discorre sobre as diferentes levas de imigrantes que o trouxeram para cá, colorindo-o com suas peculiaridades e possibilitando-lhe a expressão de uma individualidade coletiva. Examina os fatores na diminuição do seu uso, sobretudo nas décadas seguintes à Segunda Guerra Mundial, quando os seus centros de produção viva foram talados. No entanto, mostra-nos também um movimento de revitalização desta língua, permitindo vislumbrar possibilidades para o seu futuro. Como sugere seu texto anterior, há uma tradição que permite ver, no fim, o começo, tal como o talo de grama de Ponar – último poema de *Fagulhas sobre as Cinzas* –, que acendeu as faces das letras sobre rostos em cinzas.

A Intolerância Hoje

Os textos de J. Guinsburg e o de Kafka sobre o ídiche ajudam a pensar a atualidade, no seu uso de palavras de ordem para eliminar diferenças. Não surpreendentes quando vindo da direita, que ganha novos espaços numa Europa temerosa dos emigrantes, estas palavras de ordem também nos chegam de uma certa "esquerda" intolerante, que recorta a diferença ainda de outra maneira. Por exemplo, um autor reconhecido pela academia e por grande parte da intelectualidade esquerdizante, Alain Badiou, propõe, em nome do universalismo paulino, o desaparecimento do nome judeu e o fim de Israel como Estado nacional judeu[23] (como se houvesse uma escolha a ser feita, entre Israel e a humanidade, comenta Philippe Zard[24]). Estivesse propondo o desaparecimento de todos os Estados-nações e identificações particulares, sua sugestão seria contemplável, à luz de uma visão messiânica da história. Porém, ao singularizar judeus e Israel, causa espanto, por repetir o que levou a Auschwitz.

Na direção oposta a este chamado ao extermínio do diferente, Kafka propõe uma abertura à outridade que permita libertar oprimidos e opressor, este último também opresso por sua função desumanizadora, monumental, a serviço da "história oficial", oposta a histórias e memórias singulares. Na esfera política, isto poderia traduzir-se por uma solidariedade entre os oprimidos, atravessando fronteiras nacionais e culturais, quaisquer fronteiras.

Hoje, quando os Protocolos são publicados, transformados em programas de televisão para crianças, através do mundo árabe e além; quando o presidente do Irã ameaça tirar Israel do mapa e alerta a Europa, através da primeira página do *Le Monde*[25], para que se mantenha afastada de Israel, a fim de não sofrer com os estilhaços da destruição programada; quando um escritor norueguês de fama, Jostein Gaarder, advoga o fim de Israel obscena e jubilosamente[26]; faz-se necessário pensar a intolerância à diferença, sua

23 *Circonstances, 3 Portées du mot "juif"*, Paris: Éditions Lignes et Manifestes, 2005.

24 Un étrange apôtre: Réflexions sur la question Badiou, *Plurielles*, n. 13, 2007, p. 89-96.

25 Le Président iranien à l'Europe: "Abandonnez Israël", *Le Monde*, 22/10/2006.

26 God's Chosen People, *Aftenposten*, Norway, 25/08/2006. Sobre este artigo monstruoso, reproduzimos o que escreve P. Zard. "O inenarrável autor de *O Mundo de Sofia*, vem mostrar o caminho [a Badiou], num texto alucinado

memória e o seu esquecimento através da história, *a fim de tentar impedir montanhas de cinzas futuras.*

Ao criticar o antissionismo, disfarce do antissemitismo pós-Holocausto, Renato Lessa reflete sobre o fato de julgar-se o Estado de Israel com pesos e medidas diferentes daqueles usados para os outros Estados[27]. Exige-se de Israel que corresponda à utopia, o que não é exigido de nenhuma outra nação. Do mesmo modo, nenhum outro país é ameaçado de extermínio por seus atos, não importa quão condenáveis. Nega-se legitimidade moral à existência do Estado de Israel, por dizê-lo fundado numa ação injustificável[28]. Lessa lembra que todos os Estatos criados têm histórias de horror no seu passado, mas apenas a Israel se questiona o direito ao reconhecimento moral de sua existência[29].

Por criticável que seja a atual política do governo israelense, nada justifica a banalização de palavras de ordem pela destruição de Israel, ou que se faça crer sinônimos os termos sionismo e racismo ou, ainda, que se tente confundir o genocídio nazista com a política condenável de Israel para com a população árabe.

Tais simplificações são de divulgação fácil, por se tornarem emblemas identificatórios de uns contra outros. Isto acontece com uma "esquerda" que se deixa tomar por *slogans*. Para não se perder de um grupo de referência, são muitos os que se dissociam de sua própria percepção e de uma solidariedade com os alvos a destruir, designados como causa dos males. Kertész escreve que Auschwitz continua, que a África inteira é um Auschwitz e que nada houve depois de Auschwitz que o questionasse. Mesmo o seu fim provisório apenas se deveu a uma mudança de sorte das forças armadas. A bestialidade que criou Auschwitz permanece identificada com os seus crimes, sem nada saber de si além do gozo em que se esquece.

onde, depois de acusar Israel de buscar a 'solução final' ao problema palestino, ele prevê o fim deste estado abominável, vítima dos seus crimes inumeráveis, ao mesmo tempo em que predica pela misericórdia para os milhões de refugiados israelenses que irão aportar", op. cit., nota 15, p. 94.

27 Ser Anti-semita depois de Auschwitz, em *Tribunal da História*, Rio de Janeiro: Imago, 2008, v. II.

28 Idem, ibidem

29 Idem, ibidem.

O Uso Emblemático de Freud

Tampouco a Freud se poupou, na busca de personalidades emblemáticas que endossassem palavras de ordem contra a diferença. No entanto, convém lembrar que a luta da sua ciência era contra todas as religiões, nacionalismos, o que fosse imagem, ícone, emblema e não falasse à razão humana, mas antes ao que no homem é propenso a abdicar da sua autonomia.

Vários episódios nos mostram sua satisfação por seus filhos participarem ativamente de movimentos sionistas. Em distintas ocasiões, manifestou sua simpatia e orgulho pelas realizações sionistas, como a universidade que fundaram em Israel.

Certamente não poderia prever que uma carta[30] – em que se recusava a falar em prol do sionismo e onde expressava sua preferência pela fundação de um lar nacional judaico em outro lugar que não uma terra onde tantos aspectos de simbolismo religioso e histórico provocassem o entusiasmo das massas – viesse a ser usada emblematicamente, na luta contra a existência do Estado de Israel.

Na carta em questão, escrita antes que se soubesse do genocídio nazista, Freud expressava dúvidas sobre a possibilidade das outras denominações, também investidas nesta terra, permitirem aos judeus se estabelecerem aí. Esta carta de Freud está sendo usada, sob a alegação de até agora ter sido mantida escondida de todos os olhos (apesar de várias vezes publicada, em muitas línguas), para fazer crer que Freud era contra o sionismo e que previra o fracasso de Israel. Também citada em livros, como *Et Moïse créa les Juifs* (E Moisés Criou os Judeus) de Henri Rey-Flaud[31], a carta é usada como prova de que Freud não apenas pensava que Israel não deveria existir, como também que os judeus não o deveriam. O livro em questão baseia-se em "Moisés e a Religião Monoteísta", para afirmar que a saída para os judeus seria a sua conversão ao cristianismo. Ao escrever isto,

30 S. Freud (26/2/1930), Carta ao Keren Haiessod, apud Elizabeth Roudinesco, A Propos d´une lettre inédite de Freud sur le sionisme et la question des lieux saints, *Cliniques Méditerranéennes,* n. 7, 2004, p. 5-17. Escreve Peter Gay, a respeito do "ineditismo" desta carta: "O teor da carta endereçada ao Keren Hayessod foi retomado, quase palavra a palavra, numa outra carta endereçada no mesmo dia a Albert Einstein", em *Freud, une vie*, Paris: Hachette, 1991, p. 688.

31 Paris: Aubier, 2006 (La Psychanalyse prise au mot, coleção dirigida por René Major).

o autor diz apenas desenvolver o pensamento freudiano, na direção em que este aponta. Neste sentido, parece ignorar que Freud se manifestara contra todas as religiões indiscriminadamente, e por certo não aprovaria o zelo missionário do autor de querer salvar os judeus deles próprios.

Células da Intolerância

Neste livro, vários textos referiram-se a Auschwitz, referência maior do desígnio de catástrofe final. Rey-Flaud acusa os judeus de terem sequestrado o acontecimento, criando o termo hebraico Schoá, desastre, para fazê-lo referir-se única ou superiormente ao genocídio dos judeus. Lessa nos fala que as cruzes sobre os campos de Auschwitz visam esconder que foi dos judeus o "privilégio" de serem alvos de destruição sistemática e total.

É o humano em sua diferença que é atacado, na violência contra qualquer grupo. Povos, culturas e línguas (como o ídiche) que foram impedidas ou extirpadas, fariam germinar dizeres a contrapelo dos cânones dominantes. Associada ao poder, à palavra de ordem, a língua dominante se empobrece, não registra a violência feita em seu nome, e logo se reduz a um instrumento burocrático, em que *slogans* impedem o questionamento das histórias oficiais. Estas histórias mantêm o desmentido e o descompromisso, diante do real traumático.

Nas células da interlocução pessoal ou da sua ausência quotidiana, descritas seguidamente por Kafka, encontra-se o ovo da serpente, a cada passo. "O Processo" assim tem início : "Certamente teriam caluniado a Joseph K., porque, sem nada ter feito de mal, ele foi preso, certa manhã [...]". E assim termina: "um deles agarrou-lhe a garganta; o outro enterrou-lhe a faca no coração e deu duas voltas [...] 'Como um cão', disse K., e era como se a vergonha devesse sobrevivê-lo".

As células da aniquilação do outro proliferavam na Europa de Kafka, as calúnias e as condenações banalizaram-se, até Auschwitz. Disseminou-se a indiferença aos crimes, aos sofrimentos. Em outubro de 1943, quando deportavam irrestritamente os judeus, uma mulher disse a Hélène Berr que não *sabia* que esta deportação estava acontecendo, e acrescentara: "Mas ninguém incomoda os franceses, e só são presos aqueles que fizeram alguma coisa"[32].

32 *O Diário de Hélène Berr*, p. 216.

A 9 de novembro de 1943, Berr registra a resposta de um inspetor de polícia, interpelado ao prender crianças de um orfanato (a mais velha com 13 anos, a mais nova com 5): "O que a senhora quer? Eu apenas cumpro o meu dever!"[33]

Depois, continua.

Auschwitz continua no continente africano, denuncia Kertész. Aperfeiçoaram-se técnicas de calar vozes discordantes. As catástrofes coletivas não cessam: Darfur e seu genocídio, a silenciosa destruição de uma juventude votada ao "martírio", no Irã, a morte em vida de mulheres às quais é negado o acesso à dimensão simbólica, confinadas que estão dentro de trajes que as faz invisíveis na sua outridade. O tráfico de drogas e o abuso sexual de crianças são ainda outras chacinas que não param de agravar-se, sobretudo em países pobres como as Filipinas, como o Brasil. Vozes que protestam são emudecidas, como nos assassinatos de jornalistas na Rússia de hoje, que cala as vozes que denunciam os massacres a uma coletividade por vir que, informada, poderia se opor ao regime vigente.

Benjamin nos diz que o trauma torna possível resgatar a memória histórica, rompida a continuidade linear da história que os opressores impõem. Assim, serão libertados passados de opressão, vozes emudecidas.

Freud se refere ao trauma como um acordar para a transmissão da nossa responsabilidade para com os que se foram, dever de memória para com aqueles que continuam. O trauma sempre retorna, desertificando o mundo; a cada catástrofe, a cada perda, há que repovoá-lo de promessas de encontro da face do outro. O trauma não cessa de retornar, a cada momento ameaça o inumano. Há ainda os que se querem agentes da destruição, eliminando a diferença, apagando os sinais e todo o simbólico.

Escrever dando voz aos outros em nós e ao que em nós aposta na transmissão é renovação do sentimento de confiança na face humana do mundo, tantas vezes deitado a perder.

Os textos deste livro têm este endereço, apostam nisto.

33 Idem, p. 235.

1.

Discurso sobre o Ídiche

Franz Kafka

Minhas senhoras e meus senhores, antes de ouvirem os primeiros versos dos poetas da Europa Oriental devo dizer-lhes que vocês entendem o jargão muito melhor do que pensam.

Na verdade, eu não me sinto nem um pouco preocupado com o efeito do que foi preparado para cada um de vocês nesta noite, mas gostaria, se for o caso de merecê-lo, que vocês o expressassem livremente. No entanto, isto não poderá acontecer enquanto muitos dentre vocês sentirem uma tal angústia perante o jargão que pode ser lido em vossos semblantes. Não quero nem falar sobre aqueles que sentem desdém pelo jargão. Porém, angústia perante o jargão, angústia misturada no fundo com certa repugnância, é até compreensível, se é que se faça questão.

Nossa situação de europeus ocidentais é tão bem ordenada, se a olhamos com um olhar prudentemente distraído: tudo segue o seu caminho tranquilo. Vivemos numa harmonia decididamente alegre, compreendemo-nos uns aos outros quando é necessário, prescindimos uns dos outros quando nos convém e, mesmo assim, continuamos a nos compreender. Quem poderia, a partir de uma tal ordenação das coisas, entender o jargão confuso, ou quem o desejaria?

O jargão é a mais jovem língua europeia, ele tem quatrocentos anos e, na verdade, é ainda mais jovem. Ele não construiu nenhuma forma linguística que tenha a clareza da qual necessitamos. Sua expressão é concisa e rápida.

Traduzido por
JOHANNES KRETSCHMER e
EDELYN SCHWEIDSON.

Ele não possui nenhuma gramática. Seus amantes buscam escrevê-la, mas o jargão é falado incessantemente; ele não chega ao repouso. O povo não o deixa aos gramáticos.

Ele consiste apenas de palavras estrangeiras. Elas não descansam nele, mas se mantêm vivazes e irrequietas, do jeito que eram quando foram capturadas. Levas migrantes percorrem o jargão de uma ponta à outra. Todos estes alemães, franceses, ingleses, eslavos, holandeses, romenos e até mesmo latinos, são tomados no interior do jargão pela curiosidade e pela inquietação – já é preciso força para manter estas línguas neste estado em que, juntas, contêm-se umas às outras. Eis porque nenhuma pessoa razoável sonha em fazer do jargão uma língua mundial, por mais tentador que isto seja. Só a gíria lhe toma palavras emprestadas, e isto porque ela tem menor necessidade de relações sintáticas do que de palavras isoladas. E também devido ao fato de o jargão ter sido, por muito tempo, uma língua desprezada.

Porém, nesta agitação da língua reinam, de novo, fragmentos das leis mais conhecidas da língua. Por exemplo, o jargão descende, em seus começos, do tempo em que o médio alto-alemão transformava-se em alto-alemão moderno. Esta transformação originou formas opcionais, o médio alto-alemão tomou uma delas, o jargão a outra. Ou então o jargão desenvolveu formas do médio alto-alemão de maneira mais lógica do que o próprio alto-alemão moderno. Por exemplo, a forma jargônica *mir seien* deriva-se de modo mais natural do médio alto-alemão *sin*, do que do alto alemão moderno *wir sind*. Ou ainda, o jargão teria permanecido fiel às formas do médio alto alemão, apesar do alto alemão moderno. Aquilo que uma vez entrava no gueto, de lá não saía tão facilmente. Foi deste modo que se conservaram formas como *Kerzlach*, *Blümlach*, *Liedlach*.

E então jorram para estas formas filológicas, feitas de lei e arbitrariedade, os dialetos do jargão, novamente. Sim, todo o jargão só consiste em dialeto, até mesmo a sua escrita, se bem que se tenha chegado a um acordo sobre a maior parte das regras de escrever. Com isso tudo, senhoras e senhores, penso que a maior parte de vocês já está convencida de que não compreenderá nenhuma palavra do jargão.

Não esperem nenhum socorro da explicação dos textos poéticos. Se vocês não são ainda capazes de compreender o jargão, nenhum esclarecimento momentâneo poderá ajudá-los. Na melhor das hipóteses, vocês poderão compreender a explicação e perceberem que alguma coisa difícil está por vir. Isto será tudo. Eu posso dizer-lhes, por exemplo:

O senhor Löwy vai agora, como também de fato isto acontecerá, recitar-lhes três poemas. Para começar, *Die Grine*, de Rosenfeld. Os *Grine* são os *Grünen*, os "gringos", os novos imigrantes que chegam à América. Neste poema, alguns imigrantes judeus caminham, num grupo pequeno, com suas malas empoeiradas, por uma rua de Nova York. O público, é óbvio, concentra-se à sua volta, olha-os com espanto, segue-os e ri. Exaltado, fora de si a partir desta cena, o poeta fala sobre estas cenas de rua para os que estão além dela, para o povo judeu e para a humanidade. Tem-se a impressão de que o grupo de emigrantes se deteve enquanto o poeta falava, embora ele estivesse longe e não fosse possível ouvi-lo. O segundo poema é de Frug e se chama "Areia e Estrelas".

É a interpretação amarga de uma promessa bíblica. Foi dito: seremos como a areia do mar e as estrelas do céu. Bem, pisoteados como a areia já somos; quando se tornará verdade aquilo com as estrelas?

O terceiro poema é de Frischmann e se chama "A Noite é Silenciosa".

Um casal de amantes encontra na noite um senhor de instrução, observante dos preceitos religiosos, que se dirigia ao templo. Eles se assustam, temem ser denunciados por ele, depois se reasseguram mutuamente.

Aqui está, como vocês veem, com tais explicações, nada feito.

Abotoados por estas explicações, vocês irão buscar, no recital, o que vocês já sabem e, aquilo que realmente se encontra aí, vocês não verão. Felizmente, porém, todos os conhecedores da língua alemã são também capazes de compreender o jargão. Certamente, embora visto de uma grande distância, a compreensibilidade exterior do jargão foi constituída pela língua alemã; esta é uma vantagem do alemão sobre todas as línguas do mundo. Ele tem também, em compensação, e por justiça, uma desvantagem em relação a todas as línguas. Não se pode, com efeito, traduzir o jargão para a língua alemã. As relações entre o jargão e o alemão são demasiado delicadas e significativas para que não se rompam, se o jargão for trazido de volta para o alemão; o que se ouve não é mais jargão trazido de volta, mas alguma coisa sem sentido. Através da tradução para o francês, por exemplo, o jargão pode ser transmitido aos franceses; traduzido para o alemão, ele é eliminado. *Toit*, por exemplo, não é o mesmo que *tot*, e *Blüt* de modo algum quer dizer *Blut*.

Porém, também não é desta distância, a partir da língua alemã, que vocês podem, caras senhoras e senhores, entender o jargão; vocês têm a permissão de darem mais um passo para se aproximarem. Ainda num tempo pelo menos não muito distante, a língua familiar para todos os usos, empregada pelos judeus alemães, aparecia, vivessem eles na cidade ou no campo, mais a leste ou mais a oeste, como um mais distante ou mais próximo estágio preliminar do jargão, e muitas nuances intermediárias ainda permanecem. O desenvolvimento histórico do jargão poderia ser acompanhado tanto na profundidade da história como na superfície do presente.

Muito próximos vocês já chegam do jargão se percebem que, além dos seus conhecimentos, outras forças estão ativas também, e relações de forças que lhes capacitam a compreender o jargão ao senti-lo. Aqui, pela primeira vez, pode o comentarista ajudá-los, de modo que vocês não se sintam mais fechados do lado de fora e também percebam que não podem mais se queixar de não entenderem o jargão. Isto é essencial: a cada queixa, a compreensão foge. Porém, mantenham-se silenciosos e, de repente, vocês se encontrarão bem no meio do jargão. E uma vez que vocês tenham se emocionado com ele – e o jargão é tudo, palavra, melodia hassídica e a profunda experiência deste ator judeu do leste europeu ele próprio –, vocês não mais reconhecerão a sua calma anterior. Então vocês poderão sentir a verdadeira unidade do jargão, tão forte, que vocês sentirão medo, mas não mais do jargão, e sim de vocês. Vocês não seriam capazes de sentirem este medo sozinho se o jargão não lhes comunicasse, ao mesmo tempo, uma confiança em vocês mesmos que fizesse frente a este medo e fosse ainda mais forte que ele. Permitam-se este prazer tanto quanto puderem! Se ele se perder, amanhã ou mais tarde – e como poderia conservar-se, com a lembrança de uma única noite de recital! – então eu lhes desejo que possam esquecer o medo também. Porque não gostaríamos de puni-los.

2.

O Testemunho para Além do Falocentrismo:

pensando um outro paradigma

Márcio Seligmann-Silva
(IEL-Unicamp)

PROMETEU: Falar-te disso é doloroso para mim,
mas calar-me também me causa muitas dores.

ÉSQUILO[1]

O testemunho tem sido um tema que tem despertado a atenção de estudiosos através de diferentes campos do conhecimento. Começando pela teologia, que estuda o testemunho como afirmação e revelação da fé[2], passando pelos estudos jurídicos (que nas últimas décadas desenvolveu uma área que, para além das técnicas de entrevista das testemunhas e dos réus, estuda criticamente a própria possibilidade do testemunho)[3], chegamos ao campo da psicologia, que estuda o tema polêmico da *recovered memory*, aborda o testemunho do ponto de vista comportamental e da narrativa da situação traumática[4], como também dentro da psicologia social com seus estudos de histórias de vida e de comunidades[5]. A psicanálise é toda baseada na situação dialógica da clínica que tem o testemunho no seu centro[6]. Além destes campos, não podemos esquecer do papel central da etnologia, que desenvolveu técnicas de entrevista com os informantes e uma vasta bibliografia sobre a relação entre o etnólogo e as fontes vivas de suas pesquisas, o mesmo valendo para o novo campo da história oral e da historiografia de um modo geral, que tem debatido sua relação (tensa) com os testemunhos históricos e, ao longo do século XX, se redescobriu como filha de Mnemosyne, a Memória[7]. Na filosofia, o testemunho tem um valor tanto na teoria da percepção como no estudo dos atos de linguagem testemunhais, entre muitas outras abordagens, inspiradas por autores como Walter Benjamin, Lévinas e Paul

1 *Prometeu Acorrentado*, trad. Mario da Gama Kury, Rio de Janeiro: Jorge Zahar, 1993, v. 268 e s.

2 Cf. Jean-Louis Chrétien, *Saint Augustin et les actes de parole*, Paris: PUF, 2002; Hippolyte Delehaye, *Sanctus: Essai sur le culte des saints dans l'antiquité*, Bruxelles: Société des Bollandistes, 1927.

3 Cf. *Informazione e Testimonianza, Archivio di Filosofia*, Padova: Istituto Italiano di Studi Filosofici, 1972; Peter Brooks, *Troubling Confessions: Speaking Guilt in Law and Literature*, Chicago/London: University of Chicago Press, 2000.

4 Cf. Pamela Ballinger, The Culture of Survivors: Post-traumatic Stress Disorder and Traumatic Memory, *History & Memory*, v. 10, n. 1, primavera de 1998, p. 99-132; Ruth Leys, *Trauma: Genealogy*, Chicago: University of Chicago Press, 2000; Elisabeth F. Loftus, The Reality of Repressed Memories, *American Psychologist*, 48:5 (Maio, 1993), p. 518-537.

5 Cf. Ecléa Bosi, *Memória e Sociedade: Lembranças de Velhos*, São Paulo: T. A. Queiroz, 1983.

6 Cf. Dori Laub e Shoshana Felman, *Testemony: Literature, Psychoanalysis, History*, London: Routledge, 1991; Cathy Caruth (org.), *Trauma: Explorations in Memory*, Baltimore/London: Johns Hopkins University Press, 1995; Cathy Caruth, *Unclaimed Experience: Trauma, Narrative, and History*, Baltimore/London: Johns Hopkins University Press, 1996.

7 Cf. Michael Pollak, La Gestion de l'indicible, *Actes de la recherche en sciences sociales*,

Ricoeur[8]. Finalmente, na literatura e nos estudos literários, o conceito de testemunho tem servido para se repensar vários *leitmotive* deste vasto campo, como o próprio estatuto do literário, as fronteiras entre a ficção e o factual, a relação entre literatura e ética etc.[9] O mesmo vale para a teoria das artes e a teoria estética, na sua constante busca de reflexão sobre os limites de seu objeto[10].

No que segue, tentarei apresentar algumas destas questões, focando-me nos estudos literários. Para introduzir o tema, iniciaremos com uma

62/63, 1986, p. 30 e s.; Michael Pollak e N. Heinrich, Le Témoignage, *Actes de la recherche en sciences sociales*, 62/63, 1986, p. 3 e s.; Saul Friedlander (org.), *Probing the Limits of Representation: Nazism and the "Final Solution"*, Cambridge/London: Harvard University Press, 1992; Dominick LaCapra, *History and Memory after Auschwitz*, Ithaca/London: Cornell University Press, 1998; Jay Winter e Emmanuel Sivan (orgs.), *War and Remembrance in the Twentieth Century*, Cambridge: Cambridge University Press, 1999; Hayden White, *The Content of the Form: Narrative Discourse and Historical Representation*, Baltimore/London: The Johns Hopkins University Press, 1987; Jörn Rüsen e Jürgen Straub (orgs.), *Die dunkle Spur der Vergangenheit. Psychoanalytische Zugänge zum Geschichtsbewusstsein*, Frankfurt am Main: Suhrkamp, 1998; Annette Wieviorka, *L'Ère du témoin*, Paris: Plon, 1998; A. Wieviorka, *Déportation et génocide: Entre la mémoire et l'oubli*, Paris: Plon, 1992; A. Wieviorka e Claude Mouchard (org.), *La Shoah: Témoignages, savoirs, œuvres*, Paris: Cercil/Presses Universitaires de Vincennes, 1999.

8 Robert Gibbs, Zeugnis, Prophetie, Spuren, em *Zeugnis und Zeugenschaft: Jahrbuch des Einstein Forums 1999*, Berlin: Akademie-Verlag, p. 137-155; Márcio Seligmann--Silva, Catástrofe, História e Memória em Walter Benjamin e Chris Marker: a Escritura da Memória, em M. Seligmann-Silva (org.), *História, Memória, Literatura: O Testemunho na Era das Catástrofes*, Campinas: Editora da Unicamp, 2003, p. 391-417; Paul Ricoeur, *La Mémoire, l'histoire, l'oubli*, Paris: Seuil, 2000.

9 Cf. Jacques Derrida, *Demeure: Maurice Blanchot*, Paris: Galilée, 1998; João Camillo Penna, Este Corpo, esta Dor esta Fome: Notas sobre o Testemunho Hispano--Americano, em M. Seligmann-Silva (org.), *História, Memória, Literatura*, p. 299-354; M. Seligmann-Silva, Literatura e Trauma: um Novo Paradigma, *Rivista di Studi Portoghesi e Brasiliani* III, Pisa e Roma, 2001, p. 103-118.

10 Cf. Nicolas Berg (org.), *Shoah – Formen der Erinnerung*, München: Fink, 1996; Gérard Wajman, *L'Objet du siècle*, Paris: Verdier, 1998; Philippe Mesnard, *Consciences de la Shoah: Critique des discours et des répresentations*, Paris: Kimé, 2000.

passagem pelas tragédias gregas. A partir daí, tentaremos uma primeira *mise au point* do que está em jogo no conceito de testemunho, com auxílio de W. Benjamin, Freud e Benveniste. Após apresentar em linhas gerais duas grandes áreas de estudos do conceito nas últimas décadas, a saber, os estudos sobre a Schoá e os dedicados ao "testimonio" hispano-americano, fecho esta apresentação com uma reflexão sobre o testemunho como uma categoria que pode nos ajudar a pensar uma virada de paradigma que vem ocorrendo no campo das artes e da literatura.

Eumênides ou a Cumplicidade entre a Lei, o Testemunho e o Estado de Exceção

Com o perdão do lugar-comum, permitam-me, portanto, começar pelo começo. Também a *protocena* do testemunho pode ser encontrada na Grécia. Quase tudo, afinal de contas – e isto é outro lugar-comum – já estava lá. Não tentarei, portanto, evitar esta "*Urquelle*"... com todas as armadilhas que a cercam. Porque, se é verdade que certas estruturas podem ser vistas – ou simplesmente projetadas – nas tragédias, também não podemos deixar de lado as diferenças históricas. No que segue, destacaremos mais estas diferenças, mas antes penetremos na nossa primeira estação, lembrando de algumas passagens de Ésquilo.

Para tratar da figura do testemunho, é conveniente não esquecer de sua relação quase umbilical com a cena jurídica. Ésquilo, como é conhecido, apresentou o que pode ser tratado como sendo o primeiro tribunal "humano", a sua primeira encenação, na tragédia *Eumênides*, a terceira da trilogia que narra a história dos Atreus. Em *Agamêmnon*, a primeira tragédia deste ciclo, Agamêmnon, o pai de Orestes e Electra, é assassinado pela sua esposa, Clitemnestra, com a cumplicidade de seu amante Egisto; nas *Coéforas*, Orestes e sua irmã, Electra, vingam-se matando a mãe. Esta peça encerra-se com Orestes vendo a imagem das Fúrias, com seus cabelos de serpentes e sangue correndo de seus olhos, perseguindo-o e clamando por vingança.

Eumênides[11], a tragédia que nos interessa aqui, inicia-se apresentando Orestes, após muitas viagens, em sua fuga desesperada, chegando

11 *Oréstia*: *Agamêmnon, Coéforas, Eumênides*, trad. Mário da Gama Kury, Rio de Janeiro: Jorge Zahar, 6. ed., 2003. Citamos cada uma das tragédias de Ésquilo indicando a sua inicial seguida do número dos versos segundo a tradução

ao templo de Apolo, em Delfos. Neste momento, de modo significativo, as Fúrias dormem. Apolo surge e ordena que Hermes, "O condutor", guie Orestes até o templo de Atena, na Acrópole, onde ele deverá ser julgado e assim se livrar de seu sofrimento. Em seguida, o fantasma de Clitemnestra desperta as Fúrias e as envia atrás de Orestes. Atenas, após receber Orestes e as Fúrias e se informar do conflito, chama doze jurados para formar o primeiro tribunal que trataria de um homicídio, como ela mesmo o afirma (*E.* 900-904 [681-684]). Este gesto, de certo modo, apresenta o tribunal como um reflexo do mundo divino já que, mais adiante, Apolo recorda a figura de Ixion, o primeiro assassino, que teria recebido sua purificação por meio do próprio pai (*patêr*, *E.* 953 s. [717 s.]), Zeus. O resultado do julgamento de Orestes é conhecido: após o empate, o voto de Minerva/Atena decide a favor de Orestes. As Fúrias são pacificadas com presentes de Atena, e Orestes pode voltar a Argos e ser o rei.

O *plot* da peça apresenta justamente esta pacificação, este acordo, ou compromisso, para usar uma expressão cara a Freud, entre as violentas Fúrias, representantes dos deuses ctônicos antigos, a violência sob a forma feminina e sua justiça feita com sangue (arrancando os *olhos* ou *castrando;* E. 244 s. [187 s.]; 336 s. [252 s.]), que nega a instituição do tribunal (*E.* 467 s.[359 s.]) e, por outro lado, os deuses olímpicos, representantes da nova ordem e das novas instituições. A peça é um largo elogio da instituição do tribunal do Areópago, presidido pelo arconte rei. Mais importante ainda, o compromisso encenado na tragédia não implica o abandono da violência e da lógica da vingança. Muito pelo contrário, a violência é reconhecida como sendo parte da estrutura jurídica. A tragédia indica de modo inequívoco que, sem o medo e a potencial punição, não pode haver sistema jurídico, pois a reverência ao governo e às leis só existe com o terror como garantia. Eis as palavras de Atenas:

> Prestai atenção ao que instauro aqui, atenienses, convocados por mim mesma para julgar pela primeira vez um homem, autor de um crime em que foi derramado sangue. A partir deste dia e para todo o sempre o povo que já teve como rei Egeu terá a incumbência de manter intactas as normas adotadas neste tribunal na colina de Ares [...] Sobre esta elevação digo que a Reverência e o Temor, seu irmão, seja durante o dia, seja de noite,

portuguesa e, entre colchetes, do número dos versos segundo a edição bilíngue em Aeschylus, *Agamenon, Libation-Bearers, Eumenides, Fragments*, trad. Herbert Weir Smith, London: Harvard University Press, 1999.

evitarão que os cidadãos cometam crimes, a não ser que eles prefiram aniquilar as leis feitas para seu bem (quem poluir com lodo ou com eflúvios turvos as fontes claras, não terá onde beber). Nem opressão, nem anarquia: eis o lema que os cidadãos devem seguir e respeitar. Não lhes convém tampouco expulsar da cidade todo o Temor; se nada tiver a temer, que homem cumprirá aqui seus deveres? (*E.* 900-930 [681-699])

Podemos ler aqui aquilo que já foi denominado, por Marcel Mauss e outros autores, de ambiguidade do sacro. A tragédia apresenta o rito jurídico de reintegração daquele que estava proscrito, fora da lei, o *homo sacer*, Orestes, que passa pela *kátharsis* de seu ser poluído. Neste ritual "de civilização/purificação", a ambiguidade é reinstaurada e reafirmada. Na tragédia, ocorre uma reversão da posição de Orestes, que pode voltar ao trono após deixar a condição de *homo sacer*. O trono é o outro polo da lei que lhe é, ao mesmo tempo, externo e interno. Orestes passa, para recordar a diferença estabelecida por Benveniste, da qualidade de *sacer* para a de *sanctus*[12]. Assim como o banido (*sacer*) é um fora-da-lei, o rei (*sanctus*) está acima desta.

A purgação de Orestes, ou seja, sua dura viagem fugindo das Fúrias, que para Apolo significaria sua longa despoluição, e, portanto, deveria qualificá-lo para uma reintegração e superação de seu banimento, não é reconhecida pelas Fúrias. Para elas, não existe perdão ou esquecimento do mal: elas representam a pura força da memória do mal (*kakôn te mnêmones semnai*, *E.* 503 [383]) e do desejo de vingança. A *kátharsis* trágica das paixões negativas não significa, tampouco, sua eliminação, mas a *mise en scène* destas como uma espécie de *memento*. As Fúrias, transformadas por Atena em Eumênides (*as benévolas*), por meio de seu pacto com elas, são incorporadas à lei que mantém a lógica da espectralidade do passado em seu elemento terrorífico. Isto também é importante para o que segue.

Mas vejamos o que ocorre no julgamento de Orestes, destacando a recorrência dos termos que evocam o testemunho. Atena chama os jurados diante da divisão aparentemente irreconciliável dos dois partidos (*E.* 618 s. [470 s.]): a situação arquetípica da cena do tribunal e das tragédias, como depois Eurípides a exploraria. O julgamento depende da instituição

12 Émile Benveniste, *O Vocabulário das Instituições Indo-européias. Volume II: Poder, Direito, Religião*, trad. Denise Bottmann, Campinas: Editora da Unicamp, 1995, p. 192. Em grego, os termos correspondentes são *hierós* (= *sacer*) e *hágios* (= *sanctum*). Idem, p. 193.

do testemunho. Assim, o coro das Fúrias diz que vai se apresentar como testemunha contra Orestes para vingá-lo:

> se um mortal nos mostra suas mãos imaculadas, nunca o atingirá nosso rancor [*mênis*] e sua vida inteira passará isenta de todos os sofrimentos. Mas quando um celerado igual a este oculta suas mãos ensanguentadas, chegamos para proteger os mortos testemunhando [*mártures*] contra o criminoso, e nos apresentando implacáveis, para cobrar-lhe a dívida de sangue! (*E.* 423 s. [313 s.])

Em seguida, Orestes recorda que ainda existia a rede com que Clitemnestra matara seu marido como um testemunho (ou prova) do crime (*ha loutrôn exemarturei phonon*, *E.* 605 [461], o que faz lembrar da passagem em *Coéforas* [1293 {1010}], quando Orestes mostra a roupa do pai manchada de sangue e perfurada pelo punhal de Egisto como um testemunho [ou "prova certa", *martirei*] do crime). Atena, ao abrir o tribunal, observa que cada partido deve trazer suas testemunhas (*marturia*) e provas (*tekmêria*) para evidenciar suas respectivas causas (*E.* 645 s. [485 s.]).

Aristóteles, como sabemos, em sua *Retórica,* reservou um local especial para os *tekmêria*, as provas ou sinais que evidenciam os *enthymemes* ou argumentos retóricos. Eles funcionam segundo uma lógica da evidência metonímica, como se fossem partes ou rastros do evento[13]. Em seguida, na *Eumênides,* Apolo se apresenta como testemunha e advogado de Orestes (*kai marturêsôn êlthon*; *E.* 752 [576]). Nesta qualidade, ele também assume para si a culpa do assassinato de Clitemnestra, assim como afirma já ter purificado (*katharsios*) Orestes. No interrogatório a que as Fúrias submetem Orestes – forma que nada deixa a desejar quando comparada a um interrogatório em um tribunal de hoje em dia – elas perguntam se ele havia sido convencido por alguém a cometer o homicídio. A resposta é: "Foi este deus que agora é minha testemunha" (*marturei de moi*; *E.* 775 [594]). Pouco depois, ele afirma estar confiante na ajuda de seu pai ("Tenho fé em meu pai; ele me ajudará". *E.* 779 [598]). Neste diálogo, Ésquilo introduz um argumento central na disputa que desdobra esta lógica "patrilinear": Orestes reconhece ser o assassino, mas nega que tenha sido injusto. Afi-

13 No capítulo XVI da *Poética*, Aristóteles fala do reconhecimento por meio de signos: é o que ocorre em *Coéforas*, quando Electra reconhece o irmão devido às suas pegadas em torno da tumba do pai (que são descritas como *tekmérion*, 266 [205]).

nal, ele não teria matado um parente ao matar a mãe. Neste ponto, ele pede que Apolo o apóie com seu testemunho ("depoimento", *marturêson, E.* 793 [609])[14]. O deus, afirmando falar em nome do pai (*patêr, E.* 808 [618]), Zeus, primeiro critica o modo como Clitemnestra matou o grande herói, Agamêmnon, que foi assim assassinado por uma mulher e de modo nada heroico, para em seguida introduzir seu argumento principal:

> Aquele que se costuma chamar de filho não é gerado pela mãe – ela somente é a nutriz do germe nela semeado; de fato o criador é o homem que fecunda; ela, como uma estranha [*xenôi xenê*], apenas salvaguarda o nascituro quando os deuses não o atingem (*E.* 868 s. [658 s.]).

Aqui, Apolo chama ninguém menos que Atena – a juíza! – como prova e testemunha de sua argumentação a favor de Orestes.

> Oferecer-te-ei uma prova cabal [*tekmêrion*] de que alguém pode ser pai sem haver mãe. Eis uma testemunha [*martus*] aqui, perto de nós – Palas, filha do soberano Zeus olímpico –, que não cresceu nas trevas do ventre materno (*E.* 874 s. [662 s.]).

O resultado deste argumento, que mais uma vez sela a aliança dos novos deuses em oposição às Fúrias ("estas virgens malditas" *E.* 99 [69], como Apolo as denomina), é o voto de Atenas, um voto, antes de mais nada, no partido dos homens:

> Serei a última a pronunciar o voto e o somarei aos favoráveis a Orestes. Nasci sem ter passado por ventre materno; meu ânimo sempre foi a favor dos homens, à exceção do casamento; apoio o pai. Logo, não tenho preocupação maior com a esposa que matou seu marido, o guardião [*patros*] do lar (*E.* 974 s. [734 s.]).

Diante desta evocação da lei paterna, o coro das Fúrias volta-se para sua mãe: "Ah! Noite negra, nossa mãe! Vês tudo isto?" (*E.* 986 [745]). Esta oposição entre lei solar-masculina e a (ausência de) lei da noite-feminina, vinculada à cena do julgamento e do testemunho, pode ser aproximada também de uma passagem das *Coéforas* (1265 s. [984 s.]), na qual o teste-

14 As Fúrias ironizam este culto ao pai, lembrando que Zeus acorrentou seu próprio pai, Cronos, e pedem que os jurados levem isto em conta (*martiromai, E.* 844 [643]).

munho é ligado à figura paterna, quando Orestes, ao final da peça, diz que o pai, a saber, o Sol, "estará presente [no dia de meu julgamento] como testemunha [*martus*] de que perseverei nesta vingança justa e fui até o cúmulo de eliminar a minha própria mãe".

Com relação ao argumento central da cena do julgamento na *Eumênides,* é importante lembrar que, segundo a *Teogonia* de Hesíodo, Atena tinha uma mãe, Métis, a Astúcia, que Zeus engoliu grávida, com medo de se repetir com ele o mesmo que ele fizera com seu pai, Cronos – fato lembrado ironicamente pelas Fúrias em *Eumênides*. Atena, "a de olhos glaucos", *glaukôpin Athênên*, na expressão de Hesíodo, é aquela que vê com clareza[15] e, portanto, pode testemunhar como juíza o crime de Orestes: o olhar, e não a audição, tem a absoluta precedência na cena patriarcal do testemunho. Apolo e Atena do lado de Zeus-Sol, em oposição às Fúrias-mães que cegam e castram com sua justiça "primitiva".

Se o argumento que afirma o não parentesco da mãe com seus filhos lembra mais uma astúcia (*métis*) do que um raciocínio lógico, ele faz todo sentido neste primeiro tribunal. De modo contrário ao patricida Édipo (que se cega como castigo e é banido, tornando-se *sacer*), o matricida Orestes é absolvido. Ao invés de ser banido e/ou sacrificado (ou seja, desdobrar a lógica do *homo sacer*, que vai da sacralidade ao sacrifício), ele é como que "santificado", reconhecido novamente como autoridade. As Fúrias, por sua vez, são integradas ao círculo de fogo dos deuses Olímpicos e transformadas em Eumênides.

Testemunho da Masculinidade

Esta apresentação da protocena do testemunho deverá permanecer como pano de fundo para o que se segue. É evidente que o conflito e as tentativas de compromisso entre a memória do mal e a purificação/perdão, assim como a relação sistêmica entre crime e castigo, governam até hoje, em grande parte, a cena literária, não menos que a política. Diante da onipresença das guerras, dos genocídios e da lógica da vingança, poderíamos pensar que o falocentrismo (não só "olímpico", mas também "iluminista", na acepção adorniana deste termo) incorporou "em grande estilo" a memória

15 Jaa Torrano, A Fundação Mítica do Tribunal do Areópago na Tragédia *Eumênides* de Ésquilo, *Ágora. Estudos Clássicos em Debate*, n. 3, 2001, 7-23, aqui p. 18.

do mal, tal como Zeus incorporara a astúcia, e sente a necessidade de testemunhar sua masculinidade.

O que *Eumênides* tem a ver com isso? Da cena trágica podemos derivar um modelo do testemunho como prova e evidência. Em *Eumênides*, a claridade dos olhos, a luminosidade irrefutável da prova são postas ao lado do argumento patrilinear e falocêntrico[16]. A evidência da masculinidade estaria na origem da concepção do testemunho. Cabe então nos perguntarmos se ainda vale a pena testemunhar: testemunhar é frutífero?

Com esta pergunta, permito-me dar um salto de alguns séculos, pois Walter Benjamin respondeu a ela de modo lacônico e direto em sua *Einbahnstrasse* (Rua de Mão Única), de 1928. Nesta obra, ele escreveu sob a rubrica "Für Männer" (Para Homens) a seguinte frase: "Überzeugen ist unfruchtbar"[17]. Ou seja, "convencer é infecundo", sendo que *Überzeugen* também pode ser lido de modo analítico como uma palavra-valise significando supergerar, supercriar, superprocriar, superfecundar. Nessa frase de Benjamin entrecruzam-se, como Sigrid Weigel já teve a oportunidade de destacar, a sua filosofia da linguagem e da história – na qual ele critica uma visão instrumental da linguagem tal como ela é característica da modernidade – com, por outro lado, uma reflexão sobre a criação intelectual que, no caso, é sexualizada[18]. De resto, e é isto que nos interessa aqui, *überzeugen* ainda carrega uma forte conotação jurídica, se levarmos em conta que originalmente este termo ainda tinha o sentido de "convencer alguém no tribunal por meio de testemunhos", sendo que, a partir do século XVIII, *überzeugen* passou a significar "levar alguém a reconhecer com base em evidências que algo é verdade, correto, necessário"[19]. "Überzeugen ist unfruchtbar" indica, portanto, não apenas que a linguagem (masculina) do convencimento e do testemunho é vazia, vã, como também que a linguagem da criação/fecundação (da super- ou sobrecriação) o é.

16 Cf. Ana Vicentini de Azevedo, *A Metáfora Paterna na Psicanálise e na Literatura*, Brasília: EDUNB, 2001.

17 Em *Gesammelte Schriften*, organizado por R. Tiedemann e H. Schweppenhäuser, Frankfurt am Main: Suhrkamp, v. IV: *Kleine Prosa. Baudelaire-Übertragungen*, 1972, p. 87.

18 Cf. Weigel, Zeugnis und Zeugenschaft, Klage und Anklage, em *Zeugnis und Zeugenschaft: Jahrbuch des Einstein Forums 1999*, Berlin: Akademie-Verlag, p. 111-135.

19 Cf. Günther Drosdowski (ed.), *Duden. Etymologie – Herkunftswörterbuch der deutschen Sprache,* Mannheim: Dudenverlag, 1989, p. 829.

Na verdade, este espaço assombrado, aberto pela poética do convencer, onde há o embate entre criação e "verdade dos fatos", é o próprio terreno onde o testemunho se dá. Benjamin está apresentando isto de um modo ao mesmo tempo crítico e irônico, sendo que neste gesto viola performaticamente seu mote, uma vez que ele não apenas está escrevendo (e escrevendo um livro), mas também tentando convencer seu público de que "überzeugen ist unfruchtbar". Sua escrita aporética novamente revela o vazio da linguagem do conhecimento.

No testemunho, a citação (em termos literários e jurídicos: somos citados diante de um tribunal) desdobra a sua lógica de descontextualização, de descolamento: de disseminação. Benjamin, no mesmo *Rua de Mão Única*, formulou que "Citações no meu trabalho são como ladrões no caminho que irrompem armados para tomar a convicção [*Überzeugung*] do preguiçoso"[20]. Em um fragmento do *work in progress* de Benjamin sobre as passagens de Paris, lemos: "Escrever a história quer dizer, portanto, *citar* a história. No conceito do citar está implícito, no entanto, que o objeto histórico é retirado do seu contexto"[21]. A testemunha citada no tribunal também cita a história, mas neste momento mesmo ela a destrói e a recria, dando início a um processo potencialmente sem fim de escritura e disseminação. Poderíamos dizer que todo testemunho, "zeugen" (testemunhar e procriar), tende a se transformar em um "überzeugen" (convencer e supergerar) infrutífero.

Sem querer tentar escapar a esta lógica do convencimento (não podemos sair dela: apenas tentar suspendê-la...), permitam-me fazer outra citação. Tendo em vista esta reflexão benjaminiana, vale lembrar uma passagem surpreendente de Freud que provavelmente está na origem da frase de Benjamin de *Rua de Mão Única* e permite estabelecer uma ponte não tão frágil, espero, com a análise da *Eumênides* que vimos acima. Trata-se de uma nota do seu texto de 1909, *Bemerkungen über einen Fall von Zwangsneurose* (Notas sobre um Caso de Neurose Obsessiva), o famoso caso do "homem dos ratos". Ao comentar que uma das características do neurótico obsessivo é a sua "necessidade de *incerteza*", o que o leva a criar esta incerteza, ele destaca seu grande interesse pela questão da paternidade, pela extensão da vida e pela memória, e introduz a seguinte nota:

20 Op. cit., p. 138.

21 Em *Gesammelte Schriften*, organizado por R. Tiedemann und H. Schweppenhäuser, Frankfurt am Main: Suhrkamp, v. v: *Das Passagen-Werk*, 1982, p. 595.

> Ocorreu um grande progresso cultural/civilizatório quando as pessoas se decidiram a pôr o silogismo ao lado do testemunho [*Zeugnis*] dos sentidos e a passar do matriarcado para o patriarcado. Figuras pré-históricas, nas quais uma figura menor senta-se sobre a cabeça de uma maior, apresentam a descendência do pai: a Atena sem mãe salta da cabeça de Zeus. Ainda na nossa língua significa o *Zeuge* [testemunha] diante do tribunal, aquele que atesta [*beglaubigen*] algo, a partir do modo de participação masculino no trabalho de procriação, e já nos hieróglifos a testemunha [*Zeuge*] é escrita com a imagem das genitálias masculinas[22].

Após a leitura da *Eumênides*, esta nota parece um comentário à tragédia de Ésquilo, apesar de provavelmente se tratar de um comentário ou diálogo não muito claro com Frazer ou Jung. O "grande progresso" saudado por Freud se deu em direção ao patriarcado, concomitantemente à entronização da figura do testemunho. Deste conjunto de ideias seria, creio, lícito deduzir que este testemunho patriarcal e falocêntrico seria aquele que se atém às regras "da evidência", da *lei do olho*, e crê em uma "presença originária" total a*test*ável (sendo que *testis*, testemunho, está presente neste último termo).

Esta nota de Freud, abrupta e deliciosamente impactante, pode ser lida como uma caixa de ressonância histórica. Não só Ésquilo e Benjamin fariam parte deste concerto, mas uma outra passagem que se encontra no fundamento da mnemotécnica também ecoa este *topos* e ratifica esta estreita comunhão entre testemunho e falocentrismo. Trata-se da famosa passagem do autor anônimo do tratado *Ad Herenium*, que aporta como exemplo central na sua mnemotécnica, na parte dedicada à teoria das imagens mnemônicas, o exemplo de uma imagem que deveria servir ao rétor como escritura imagética de um caso. O caso exemplar que deve ser memorizado é o seguinte: "a acusação afirmou que o réu matou um homem utilizando veneno, que ele fez isso para se apropriar de uma herança e que existem várias testemunhas e pessoas cientes disso [*testes et conscios*]"[23]. A mnemotécnica é baseada na capacidade do orador de transformar as situações em imagens e colocar cada *imagines agens* em determi-

22 S. Freud, *Freud-Studienausgabe*, Frankfurt am Main: S. Fischer Verlag, 1970, v. VII, p. 91.

23 *Rhetorica ad Herennium*, edição bilíngue, tradução de Theodor Nüsslein, Düsseldorf / Zürich: Artemis & Winkler, 1998, p. 170 e s.

nados *loci*, construindo uma escritura mnêmica. O autor anônimo destaca que, quanto mais inusitada for a imagem criada para traduzir a situação, mais facilmente ela ficará registrada na memória. Eis a sua imagem:

> Se para facilitar a defesa nós quisermos nos recordar desse primeiro ponto, devemos depositar no nosso primeiro local uma imagem com todos os fatos: nós imaginaremos a vítima em questão doente, estendida sobre uma cama (isso se nós a conhecermos, caso contrário teremos de tomar uma outra pessoa, que não deve ser alguém de baixo calão, de tal modo que ela rapidamente venha à nossa memória); ao lado de sua cama nós colocaremos o réu segurando uma taça com a mão direita e com um texto [*tabulas*] na esquerda de cujo dedo anelar devem pender testículos de carneiro [*medico testiculos arietinos tenentem*]. Desse modo nós poderemos nos recordar das testemunhas, da herança e do envenenamento da vítima [*Hoc modo et testium et hereditatis et veneno necati memoriam habere poterimus*]. A seguir nós arranjaremos do mesmo modo os outros pontos da acusação em locais sucessivos, segundo a sua ordem, e quando a qualquer momento nós quisermos nos recordar de um ponto, se as imagens estiverem cuidadosamente dispostas e as caracterizarmos bem, poderemos facilmente recordar daquilo que queremos[24].

A relação entre a imagem do testículo e a do testemunho é feita aqui pela via da analogia fonética: *testis* em latim significa tanto testemunho como testículo. Ou seja, tanto pela via do germânico encontramos a "poética" do testemunho desaguando no tema da fertilidade masculina, como pela do latim. Aqui também, como na tragédia grega, o testemunho está ligado à cena sublime do assassinato e à sua representação. É importante notar, como afirma Avishai Margalit, que, nas sociedades tradicionais, as mulheres são excluídas das cortes enquanto testemunhas. Josephus afirma que nos tempos bíblicos isto ocorria, o mesmo valendo para a "mulher romana"[25]. Isto tem a ver com uma hierarquia social e sexual da respeita-

24 Idem, p. 172 e s.

25 A. Margalit, *The Ethics of Memory*, London / Cambridge: Harvard University Press, 2002, p. 176. Cf. o artigo "Zeugen" do dicionário de Adelung (*Grammatisch--kritischen Wörterbuchs von J.C. Adelung*, 1811), no qual o verbo é definido tanto como "criar algo" como também afirma-se que o termo "em primeiro lugar é aplicado com relação ao pai. Ele só gerou [*gezeugt*] um filho.

bilidade, que pode ser revelada em fenômenos linguísticos, como também observou Margalit ao notar que no hebraico bíblico existe "uma associação fortemente sugestiva entre as palavras" *Zehker* (memória) e *Zakhar* (masculino) e, por outro lado, *Isha* (mulher, esposa) e *Neshia* (esquecimento).

Poderíamos também lembrar das figuras femininas do esquecimento da "volta ao lar" (*nóstos*) na *Odisseia,* Circe e Calypso[26]. Por outro lado, Margalit recorda ainda o fato de que o mandamento hebraico da memória, *Yad Vashem,* que batizou o memorial e centro de pesquisas da Schoá de Jerusalém, significa, em *Isaias* 56,5, um ato de suplementação da infertilidade. Nos versos em questão, promete-se um memorial ao pio eunuco (ou homem castrado). Deus construiria um memorial onde se escreveria o nome daqueles que não poderiam multiplicar suas sementes, testemunhando assim a passagem deles pela terra[27]. O universo semântico e cultural é diferente do grego, mas novamente percebemos a relação entre o testemunho (no caso, a memória testemunhal) e a masculinidade.

O Modelo Auricular do Testemunho

Benveniste, o grande Crátilo do século XX – e ele recusaria este elogio veementemente – pode nos ajudar a lançar um pouco de luz sobre alguns destes entrecruzamentos.

Lendo Benveniste, fica claro que o testemunho implica tanto uma proximidade, uma primeiridade (pensando em termos peirceanos), como, em outro sentido, uma capacidade de julgar. Isto não apenas em termos

[...] Prestar testemunho [*Ein Zeugniß ablegen*] confirmar a verdade de um fato através da sua experiência. Uma mulher não pode gerar, não pode atestar [*Ein Weib kann nicht zeugen, kann keinen Zeugen abgeben*] [...] Tratou-se de uma derivação muito pobre quando Frisch e outros derivaram *Zeuge* e *zeugen* de *ziehen* [puxar] porque antigamente costumava-se puxar a testemunha pelas orelhas [...]". Esta aparição da orelha como mero instrumento para se arrastar alguém diante do tribunal não deixa de ser ilustrativa desta concepção falocêntrica (e violenta) de testemunho como *testis.* Devemos pensar aqui também na tradição de torturas tendo em vista a confissão nos tribunais de ontem e de hoje. A linguagem nesta cena é reduzida a mero instrumento, *meio* da prova, substituto da experiência, sem valor em si.

26 Cf. Harald Weinrich, *Lethe: Kunst und Kritik des Vergessens,* München: C.H. Beck, 1997.

27 A. Margalit, op. cit., p. 21 e s.

do testemunho jurídico contemporâneo. Desde a Antiguidade vincula-se testemunha e testemunho à *visão*. Benveniste recorda que também o sânscrito *vettar* tem o mesmo sentido de testemunha (*témoin*) e significa "o que vê, em gótico *weitwops*, particípio perfeito [...] é aquele que sabe por ter visto; [...]. O grego *ístor* entra na mesma série"[28]. O autor cita um texto do Satapatha-Brahmana: "e o valor próprio dessa raiz **wid-* se esclarece na regra enunciada no Satapatha-Brahmana: 'se agora dois homens disputam entre si (têm um litígio), um dizendo 'eu vi', o outro 'eu ouvi', o que diz 'eu vi', é nele que devemos acreditar"[29]. Benveniste ainda nota que originalmente *arbiter* significava também "testemunha" e apenas posteriormente assumiu o sentido de "árbitro". Sendo "o que vê", a testemunha se aproxima tanto dos paradigmas da historiografia como da cena do tribunal. Neste último sentido, também o termo mantém ecos de sua origem em "terstis", terceiro, enquanto instância para decisão em um julgamento entre duas partes.

Benveniste destaca um outro parentesco semântico da noção de testemunha, que pode nos ajudar a pensar melhor a situação do sobrevivente que veremos mais adiante. *Superstes*, como ele comenta, "não é somente 'ter sobrevivido a uma desgraça, à morte', mas também 'ter passado por um acontecimento qualquer e subsistir *muito mais além* desse acontecimento', portanto de ter sido 'testemunha' de tal fato"[30]. Vale recordar também esta outra passagem:

> Verificamos a diferença entre *superstes* e *testis*. Etimologicamente, *testis* é aquele que assiste como um "terceiro" (*terstis*) a um caso em que dois personagens estão envolvidos; e essa concepção remonta ao período indo-europeu comum. Um texto sânscrito enuncia: "todas as vezes em que duas pessoas estão presentes, Mitra está lá como terceira pessoa"; assim o deus Mitra é, por natureza, a "testemunha". Mas *superstes* descreve a "testemunha" ora como aquele "que subsiste além de", testemunha ao mesmo tempo *sobrevivente*, ora como "aquele que se mantém no fato", que está aí presente[31].

28 E. Benveniste, op. cit., p. 174 e s.

29 Idem, p. 175.

30 Idem, p. 277 e s.

31 Idem, p. 278.

Benveniste não toca na proximidade e contaminação semântica entre os dois sentidos latinos de *testis*[32].

O "manter-se no fato" do *superstes* remete à situação singular do sobrevivente como alguém que habita na clausura de um acontecimento extremo que o aproximou da morte. Nosso *martir* moderno está mais perto deste sentido do que do testemunho como *testis.* O modelo do testemunho como *superstes* tem a audição e não a visão em seu centro. Pensar a história a partir dele significa aprender a diminuir o papel dado ao *ístor* do termo e pensar em uma história mais auricular: aberta aos testemunhos e também ao próprio evento do testemunhar, sem reduzir o testemunho a

32 Com relação a este ponto, eis o que lemos em dois dicionários *on-line. Online Etymology Dictionary*: ["TESTIS: (pl. testes), 1704, do latim *testis* 'testículo', um uso especial de *testis* 'testemunha' [witness], presumivelmente porque "*dá* testemunho" [*bears* witness] da virilidade (cf. grego *parastates,* lit. 'o que presencia algo'; e o termo usual francês *témoins,* lit., 'testemunhos'). Mas Buck acha que o grego *parastatai* 'testículos' foi erroneamente associado com o sentido legal de *parastates* 'defensor' ['supporter, defender'] e sugere ao invés, *parastatai* no sentido de um duplo 'pilar de suporte, suporte de um mastro'" etc. *The American Heritage Dictionary of the English Language* (Fourth Edition, 2000): "A semelhança entre *testemunho, testificar, testis* e *testículo* mostra uma relação etimológica, mas os linguistas não têm um consenso quanto a como o inglês *testis* veio a ter seu sentido atual [ou seja, de testículo]. O termo latino *testis* originalmente significa 'testemunho' e etimologicamente significa 'uma terceira (pessoa) que presencia algo': o *te-* vem de um *tri-* mais antigo, uma forma combinada da palavra 'três', e *–stis* é um nome derivado da raiz indo-europeia *st-* significando 'estar de pé'. Não há consenso quanto a como isto veio a referir a parte(s) do corpo. Uma teoria antiga afirma que os romanos colocavam sua mão direita sobre os testículos e juravam por eles antes de testemunhar na corte. Outra teoria afirma que o sentido de testículo no latim *testis* tem origem em uma falsa tradução do grego. O termo grego *parastats* significa 'defensor (na lei)' ['defender (in law), supporter'] (*para-* 'junto, ao lado de', como em *paramilitar* e *–stats* de *histanai*, 'estar de pé'). No número duplo utilizado em muitas línguas para pares que existem naturalmente, em contraste ou complementares, como por exemplo mãos, olhos e orelhas, *parastats* tinha o sentido técnico médico de 'testículos', ou seja 'duas glândulas lado a lado'. Os romanos simplesmente tomaram este sentido de *parastats* e adicionaram-no ao de *testis,* a palavra latina para defensor legal, testemunha".

meio. O modelo do testemunho como *testis* é visual e corresponde ao modelo do saber representacionista do *positivismo*, com sua concepção instrumental da linguagem e que crê na possibilidade de se transitar entre o tempo da cena histórica (ou a "cena do crime") e o tempo em que se escreve a história (ou se desenrola o tribunal).

A crítica do testemunho que ocorre na psicologia, especificamente na psicologia forense, parte deste paradigma visual ao pôr em questão a capacidade de percepção da cena, de seu armazenamento e da sua restituição[33]. Ao voltarmo-nos para o paradigma do *superstes*, os valores são outros. Aqui pressupõe-se uma *incomensurabilidade* entre as palavras e esta experiência da morte; como veremos, um *topos* na bibliografia sobre o testemunho no século XX.

Nesta cena do testemunho como *superstes*, o presente do ato testemunhal ganha a precedência. Creio, no entanto, que não se trata de simplesmente trocar um modelo pelo outro. Valorizar o paradigma do *superstes* não deve implicar uma negação da possibilidade do testemunho como *testis* (como, por exemplo, Giorgio Agamben o sugere[34]). Acredito que os caminhos da memória e do esquecimento do mal sofrido passam também pela construção da história e pelos julgamentos propriamente jurídicos. *O essencial, no entanto, é ter claro que não existe a possibilidade de se separar os dois sentidos de testemunho, assim como não se pode separar historiografia de memória.* Devemos aceitar o testemunho com o seu sentido profundamente aporético de exemplaridade possível e impossível, de singularidade que nega o universal da linguagem e nos remete "diante da lei", "Vor dem Gesetz", para lembrarmos Kafka, mas ao mesmo tempo exige e cobra esta mesma lei[35].

33 Cf. Renaud Dulong, *Le Témoin oculaire: les conditions sociales de l'attestation personnelle*, Paris: EHESS, 1998, p. 25 e s.

34 Cf. Giorgio Agamben, *Quel che resta di Auschwitz: L'archivio e il testimone*, Torino: Bollati Boringhieri Editore, 1998.

35 Penso aqui no texto de Kafka "Vor dem Gesetz", que pode ser traduzido tanto como "diante da lei" como também como "antes da lei", fora dela, sendo que este "fora" reproduz a estrutura psicanalítica da cripta, do encriptamento/recalcamento, do banimento para o interior. Cf. J. Derrida, Fora: As Palavras Angulosas de Nicolas Abraham e Maria Torok, em Fabio Landa, *Ensaio sobre a Criação Teórica em Psicanálise: De Ferenczi a Nicolas Abraham e Maria Torok*, São Paulo: Unesp/Fapesp, 1999, p. 269 -319; e ainda J. Derrida, Préjugés: Devant la loi, em J. F. Lyotard et ali, *La Faculté de Juger*, Paris: Les Éditions de Minuit, 1985, p. 87-139.

Ao invés de reduzir o testemunho ao paradigma visual, falocêntrico e violento (que tende a uma espetacularização da dor), e sem esquecer *testis* a favor apenas de *superstes*, minha proposta é entender o testemunho na sua complexidade enquanto um misto entre a visão, a oralidade narrativa e a capacidade de julgar: um elemento complementa o outro, mas eles relacionam-se também de modo conflituoso. O testemunho revela a linguagem e a lei como constructos dinâmicos, que carregam a marca de uma passagem constante, necessária e impossível, entre o "real" e o simbólico, entre o "passado" e o "presente".

Se o "real" pode ser pensado como um "desencontro" (algo que nos escapa como o sobrevivente o demonstra a partir de sua situação radical), não deixa de ser verdade que a linguagem, sobretudo a linguagem da poesia e da literatura, busca este encontro impossível. Vendo o testemunho como o vértice entre a história e a memória, entre os fatos e as narrativas, entre, em suma, o simbólico e o indivíduo, esta necessidade de um pensamento aberto para a linguagem da poesia no contexto testemunhal fica mais clara.

Paul Celan remeteu insistentemente no seu famoso discurso "Der Meridien" (de 22.10.1962) a esta ideia de um "encontro misterioso", "geheimnis Begegnung", que implica justamente a capacidade "trópica" da língua de unir e cortar pontos aparentemente isolados uns dos outros. "Niemand /zeugt für den / Zeugen", lemos no poema "Aschenglorie", ninguém testemunha para quem testemunhou, para quem *vivenciou o invivível.* Mas o testemunho ocorre, "se dá" e é a prova e a manifestação destes encontros. Voltaremos a este ponto mais adiante.

Testemunhar a Guerra: O Caso Jean Norton Cru

Lembrando duas expressões que se tornaram famosas nos últimos anos, respectivamente de Hobsbawm e de Shoshana Felman, podemos dizer que à "era das catástrofes" corresponde a "era dos testemunhos". As catástrofes, na mesma medida em que explodem o referencial simbólico do Iluminismo, revelando seus ocos e contradições, geram um gigantesco acúmulo de dor e morte. O trabalho de luto das catástrofes do século XX deu uma nova dimensão ao trabalho da história, na mesma medida em que despertou novamente o interesse pela memória em oposição ao modelo historicista da historiografia (monumentalista, como afirmou Nietzsche já nos anos de 1870).

Maurice Halbwachs e W. Benjamin foram dois dos primeiros teóricos da história a reagir a esta nova situação após a Primeira Guerra Mundial. Por outro lado, o conceito de testemunho só foi receber maior atenção após a segunda etapa da "Guerra dos Trinta Anos" que marcou o século XX. Neste sentido, seria injusto, ao tratar da história deste conceito, deixar de fora a figura, raramente lembrada por muito tempo, mas nem por isso menos importante, de Jean Norton Cru. Ele representa uma exceção aqui.

Jean Norton Cru nasceu em 1879, filho de uma mãe inglesa e de um pai pastor de origem camponesa. Na Primeira Guerra Mundial, ele retornou dos EUA, onde trabalhava como professor no Williamstown College, para lutar no exército francês, tendo estado no *front*, mais especificamente, na guerra de trincheiras, por dois anos e cento e cinco dias. Ainda durante a guerra, desde 1915[36] ele começou a se interessar pelos escritos testemunhais dos soldados. Seu ponto de partida é a dificuldade e a necessidade de escrever estes relatos.

Em junho de 1916, em meio à Batalha de Verdun (que custou a vida de mais de 660 mil soldados), ele constata: "Aquele que nunca viu o que eu vejo, nunca terá uma ideia disto"[37]. Sua luta será no sentido de estabelecer critérios objetivos para o julgamento dos testemunhos da guerra. Ele criticava a exploração comercial do sofrimento. Em uma carta de 1917, ele escreve que "eu considero um sacrilégio transformar nosso sangue e nossas angústias em tema de literatura"[38], com o que ele já percebia uma aporia que estaria na base de grandes debates estéticos após 1945.

Após quase quinze anos de trabalho, ele publicou sua obra monumental, *Témoins*, em 1929, que contém um levantamento exaustivo e uma análise de cerca de trezentos testemunhos da Primeira Guerra Mundial. Seu crivo se deu a partir do mote do testemunho como visão, como lemos em uma das epígrafes de seu livro (também utilizada em seu segundo livro, *Du Témoignage*, de 1930): "Ah, como sempre, aqueles que não viram, como poderiam eles julgar?". Em outra epígrafe, no entanto, percebemos que esta vivência da guerra não é apenas visual, mas corpórea: "Aquele que não compreendeu com a sua carne não pode falar daquilo a você". Aquele

36 J. N. Cru, *Du Témoignage*, Paris: Alia, 1997, p. 19.

37 "Quiconque n'a jamais vu ce que je vois, ne s'en fera jamais une idée", *Du Témoignage*, Paris: Pauvert, 1967, p. 163.

38 "je considère comme un sacrilège de faire avec notre sang et nos angoisses de la matière à littérature", idem, p. 165.

que testemunha de modo autêntico a guerra é o militar do fronte: só ele viu e viveu o *perigo* na carne[39].

A classificação das obras testemunhais estabelecida por Cru continha os seguintes gêneros: o jornal (gênero mais valorizado por ele, devido à sua "exatidão fundamental"[40]), as memórias, as reflexões, as cartas (muito valorizadas e aproximadas do jornal) e, por último, também na sua hierarquia da exatidão, os romances. Estes são os mais propícios a difundir erros e lendas, os grandes inimigos de Cru. Ele tende a valorizar mais o "valor documental" do que o "valor estético"[41] das obras, sendo que o que é "saisis sur le vif"[42] como nas cartas e diários, tende a uma maior e mais desejada *proximidade*. Ele critica a tese de que a literatura teria uma verdade sintética superior à do jornal ou à da carta. O que ele entende por proximidade, podemos perceber em outra epígrafe, de 1930:

> O combatente tem uma visão limitada... mas pelo fato de suas visões serem estreitas, elas são precisas; porque elas são restritas, elas são claras. Ele não vê grande coisa, mas ele vê bem o que vê. Porque os seus olhos e não os de outros o informam, ele vê o que é[43].

Ao longo de *Du Témoignage* e de *Témoins*, a impressão que temos é justamente a de uma aproximação em *zoom* da paisagem dos campos de batalha. Ao invés da tradicional representação em grande plano das batalhas – que não podem ser realistas ou verdadeiras, segundo os critérios de Cru –, ele privilegia o soldado na sua solidão do fronte. Assim, ele afirma-se contrário ao que denomina de "paradoxo de Stendhal", ao lembrar a figura do soldado da *Cartucha de Parma*, Fabrice del Dongo, que não teria percebido estar em uma batalha, o que significaria que apenas os comandantes com a visão do todo poderiam ter a visão do que é a guerra. Para Cru, apenas tratando o soldado como a realidade primordial da guerra, ela deixará de ser uma abstração[44] e poderá ser criticada. Esta "guerra vista de

39 "Ah, comme toujours, ceux qui n'ont pas vu, comment peuvent-ils juger?"; "Celui qui n'a pas compris avec sa chair ne peut vous en parler". *Du Témoignage,* 1997, p. 26.

40 Idem, p. 87

41 Idem, p. 88 e s.

42 Idem, p. 90.

43 Idem, p. 9.

44 Idem, p. 40.

perto" leva também a se iluminar os detalhes nada heroicos da vida material do soldado: "o comer, o beber, as cartas, os pacotes, as pulgas, os ratos, a chuva, o barro etc."[45]. Para ele, a grande história deve aprender a se ocupar das penas e angústias do combatente, uma lição que de fato foi ouvida pelos historiadores.

Para Cru, o testemunho é um documento antes de tudo exato. Seu paradigma de fidelidade, positivista, é claro, entra em conflito – na medida em que exige exatidão e não contradição – com o seu reconhecimento de que "os fatos psicológicos são a essência mesma da guerra". E ainda: "Cada um sabe que é impossível para a testemunha relatar o que ele fez e viu, permanecendo estritamente objetivo. Ele é homem e ele é artista, em diferentes doses; a fidelidade mecânica do cinema lhe está pois interditada"[46]. Por outro lado, ele defende a capacidade do soldado de relatar sua experiência, estabelecendo uma diferença entre a experiência de um acidente (que é pontual, parcial e limita a qualidade de testemunho dos que o presenciam) e, por outro lado, a guerra, marcada pela monotonia e repetição que permitem um registro detalhado[47].

Cru destaca que existe uma quantidade muito grande de testemunhos (e também um número razoável daqueles que ele considera excelentes testemunhos, 29) da Primeira Guerra Mundial. Ele atribui este fato novo em parte à presença de muitos combatentes mais velhos que a média das guerras e também à presença de soldados mais intelectualizados[48]. Não tenho como fornecer aqui uma ideia mais clara da impressionante obra de Cru. Apesar de seu positivismo, ele tem uma visão detalhada de muitas

45 Idem, p. 42.

46 "Chacun sait qu'il est impossible au témoin de relater ce qu'il a fait et vu en restant scrictement objectif. Il est homme et il est artiste, plus ou moins; la fidélité mécanique du cinématographe lui est donc interdite", idem, p. 125.

47 Idem, p. 22. Esta reflexão faz lembrar os argumentos do *paragone* ou competição entre as artes, que se desenrolou do Renascimento ao século XVIII. Para G. E. Lessing, a poesia deveria representar ações (que se estendem no tempo) em oposição às artes plásticas, que deveriam se limitar à representação de corpos no espaço (e portanto só poderiam representar as ações de modo alusivo). Cf. o seu *Laocoonte*, trad. M. Seligmann-Silva, S. Paulo: Iluminuras, 1998. Com relação a esta diferença entre representação do acidente e da guerra, importa lembrar do conceito de "trauma cumulativo", que desmontaria o argumento de Cru.

48 Idem, p. 24.

das aporias do testemunho e, sobretudo, da complementaridade do trabalho do historiador com o autor destes relatos do fronte.

Diferentemente de W. Benjamin, ele acredita em uma experiência derivada da guerra e está longe de desdenhar aquilo que o filósofo da República de Weimar denominou pejorativamente de "uma inundação de livros de guerra" no seu famoso "O Narrador". Mas, como Benjamin na sua crítica de Ernst Jünger, Cru despreza a estetização da guerra[49]. Podemos hoje em dia olhar com desconfiança para muitas de suas hierarquias, mas sua obra permanece como um marco importante na história do conceito de testemunho e já apresenta muitas das ideias que foram posteriormente repensadas no contexto do pós-Segunda Guerra Mundial.

Mas existe um elemento particularmente delicado na obra de Cru. Ultimamente ela tem sido revalorizada também por revisionistas e negacionistas da Schoá, que veem em seus argumentos uma arma contra os testemunhos dos Campos de Concentração. Este tipo de instrumentalização da obra de Cru evidentemente ocorre de modo violento, invertendo seus argumentos principais que colocam o testemunho como uma espécie de protofenômeno do estudo das guerras. Cru queria desmontar a grande tradição da história militar nacionalista e épica. Por outro lado, esta apropriação também ocorre a partir dos "flancos" mais frágeis da argumentação de Cru, quando ele se torna inaceitavelmente positivista, por assim dizer. Isso porque sua crença na representação da guerra leva-o a afirmar também um perigoso critério negativo: assim como para ele "a liberdade da arte sempre foi limitada pelo absurdo"[50] (o que é um absurdo em si e não valia deste modo restrito nem para Aristóteles e Horácio), para Cru também o excepcional e o inacreditável não devem fazer parte da imagem da guerra[51]. O que importava para ele eram os "casos gerais". Porém, na guerra também pode ocorrer uma generalização do que fora dela é inacreditável. E aqui encontramos um limite da reflexão de Cru.

49 Com relação a W. Benjamin e a Primeira Guerra Mundial, cf. Martin Jay, Walter Benjamin, Remembrance and the First World War, em *Benjamin Studies*, v. 1, n.1, 2002, p. 187-208.

50 "la liberté de l'art a toujours été limitée par l'absurde", *Du Témoignage*, 1997, p. 105.

51 Idem, p. 129.

Testemunho e Literatura

A questão do testemunho tem sido cada vez mais estudada desde os anos de 1970. Para evitar confusões, devemos deixar claro dois pontos centrais: (a) Ao invés de se falar em "literatura de testemunho", que não é um gênero, percebemos agora uma *face da literatura* que vem à tona na nossa época de catástrofes e que faz com que toda a história da literatura – após duzentos anos de autorreferência – seja revista a partir do questionamento da sua relação e do seu compromisso com o "real". Nos estudos de testemunho deve-se buscar caracterizar o "teor testemunhal" que marca toda obra literária, mas que aprendemos a detectar a partir da concentração deste teor na literatura e escritura do século XX. Este teor indica diversas modalidades de relação metonímica entre o "real" e a escritura. (b) Em segundo lugar, esse "real" não deve ser confundido com a "realidade", tal como pensada e pressuposta pelo romance realista e naturalista: o "real" que nos interessa aqui deve ser compreendido na chave freudiana do *trauma*, de um evento que justamente resiste à representação.

O conceito de testemunho concentra em si uma série de problemas que sempre polarizaram a reflexão sobre a literatura: antes de qualquer coisa, ele põe em questão as fronteiras entre o literário, o fictício e o descritivo. E mais: o testemunho aporta uma ética da escritura. Partindo-se do pressuposto, hoje em dia banal, de que não existe "grau zero da escritura", ou seja, a literatura está ali onde o sujeito se manifesta na narrativa, não podemos deixar de reconhecer que, por outro lado, o histórico que está na base do testemunho exige uma visão "referencial", que não reduza o "real" à sua "ficção" literária. Ou seja, o testemunho impõe uma crítica da postura que reduz o mundo ao verbo, assim como solicita uma reflexão sobre os limites e modos de representação.

A questão dos diferentes conceitos de "testemunho"[52]. Na teoria literária podemos perceber nos últimos anos, grosso modo, dois grandes campos de discurso sobre o testemunho, que tem se aproximado cada vez mais ultimamente. De um lado, a noção é pensada no âmbito europeu e

52 A parte que se segue sobre o testemunho da Schoá e o "testimonio" retoma com algumas modificações um trecho inicial de meu trabalho: As Literaturas de Testemunho e a Tragédia: Pensando Algumas Diferenças, em Ettore Finazzi-Agrò; Roberto Vecchi (orgs.), *Formas e Mediações do Trágico Moderno*: *Uma Leitura do Brasil*, São Paulo: Unimarco, 2004, p.11-40.

norte-americano a partir da experiência histórica destas regiões e países; de outro, o conceito de "testimonio" tem sido pensado a partir da experiência histórica e literária da América Latina. Antes de mais nada, os próprios eventos que estão na base dos discursos sobre o testemunho definem as características que cada um deles assume.

Se, no primeiro âmbito, o trabalho de memória em torno da Segunda Guerra Mundial e da Schoá determina em boa parte as discussões, na América Latina o ponto de partida é constituído pelas experiências históricas da ditadura, da exploração econômica, da repressão às minorias étnicas e às mulheres, sendo que nos últimos anos também a perseguição aos homossexuais tem sido pesquisada. O testemunho latino-americano introduz objetos que foram também se tornando cada vez mais importantes, sobretudo nos EUA, a partir das lutas pelos direitos civis e com a paralela expansão dos estudos culturais. Daí se perceber, hoje em dia, uma ampla utilização do conceito de testemunho, não apenas para se tratar de sobreviventes da Schoá, mas também para sobreviventes de outras guerras, de genocídios e para qualificar o discurso, ou contradiscurso, das mulheres, das minorias, dos soropositivos etc. Mas o que eu gostaria de focar aqui é o momento anterior a este encontro que tem ocorrido pela expansão dos estudos culturais e pela sua dissolução no discurso geral da academia.

Em cada uma dessas regiões, as tradições de pensamento que foram mobilizadas para se pensar os conceitos de "testimonianza", "testimony", "témoin", "Zeugnis" e, por outro lado, de "testimonio", levou a diferentes contornos da noção de testemunho: se na Europa e nos Estados Unidos a psicanálise e a teoria e história da memória têm desempenhado já há algum tempo um papel central, na América Latina o "testimonio" era pensado a partir da tradição religiosa da confissão, da hagiografia, do testemunho bíblico e cristão no seu sentido de apresentação de vidas "exemplares", da tradição da crônica e da reportagem.

A questão do testemunho foi discutida de início na Europa a partir da famosa frase de Theodor W. Adorno, do seu ensaio "Crítica Cultural e Sociedade", de 1949: "escrever um poema após Auschwitz é um ato bárbaro, e isso corrói até mesmo o conhecimento de por que hoje se tornou impossível escrever poemas"[53]. Adorno retomou essa questão em vários de

53 "nach Auschwitz ein Gedicht zu schreiben, ist barbarisch und das frißt auch die Erkenntnis an, die es ausspricht, warum es unmöglich ward, heute ein Gedicht zu schreiben", Kulturkritik und Gesellschaft, em seus textos, até a sua *Ästhetische Theorie* (Teoria Estética), onde ele a discute ao tratar da poesia de Paul Celan. A perspectiva aberta por Adorno, que põe em discussão a própria possibilidade tanto de se escrever poesia após Auschwitz, como o seu metadiscurso teórico, ainda constitui, até as publicações mais recentes, um ponto de vista frutífero e complexo, uma vez que, nele, teoria da representação, reflexão estética e ética se entrecruzam. Com essa abordagem já fica claro também em que medida a discussão na Europa e nos EUA sobre o testemunho partirá, na maioria das vezes, não apenas da Segunda Guerra Mundial, mas, especificamente, da Schoá: o assassinato de milhões de judeus perpetrado pelos nazistas[54].

O testemunho tem sido pensado na Europa e nos Estados Unidos tanto a partir de leituras que cruzam os discursos da teoria da literatura, da disciplina histórica e da teoria psicanalítica, como também de pesquisas dentro dos *estudos sobre a "memória"*, que têm se intensificado muito nas últimas duas décadas, sob a influência das abordagens culturalistas. O discurso testemunhal é analisado neste contexto como tendo a *literalização* e a *fragmentação* como as suas características centrais (e apenas à primeira vista incompatíveis). Ele é ainda marcado por uma tensão entre oralidade e escrita. A literalização consiste na incapacidade de *traduzir* o vivido em imagens ou metáforas. A fragmentação, de certo modo,

Gesammelte Schriften, Frankfurt am Main: Suhrkamp, 1977, v. 10, p. 30. Cf. Enzo Traverso, L'Impératif catégorique d'Adorno, *L'Histoire déchirée*, Paris: Cerf, 1997, p. 123-143; M. Seligmann-Silva, *Adorno*, São Paulo: PubliFolha, 2003, p. 73-95.

54 Como veremos, todo discurso que se dá programaticamente na chave da memória (e de sua política) tem uma tendência a ser um exercício de traçamento e construção da(s) identidade(s). A denominação "Schoá" impôs-se, substituindo o termo "Holocausto", ao longo dos anos de 1980 e sobretudo dos anos de 1990. Esta substituição de um termo que tinha conotações sacrificiais e constituía uma espécie de "explicação" do fato nomeado, por outro, em hebraico, significando catástrofe, destruição, evidentemente concentrou o foco da atenção nas vítimas judaicas dos nazistas. A recente inauguração em Berlim do monumento em homenagem aos judeus assassinados pelos nazistas, do arquiteto Peter Eisenmann, levantou novamente o debate em torno desta "hierarquia das vítimas". Se por um lado é evidente que os judeus constituíram uma maioria dentre os que foram levados às câmaras de gás, nem por isso devemos seguir essa tendência (datada) de hierarquização das vítimas.

também literaliza a psique cindida do traumatizado e a apresenta ao leitor. A incapacidade de incorporar em uma cadeia contínua as imagens "vivas", "exatas" também marca a memória dos traumatizados. A tradução desses "nós de memória" – desses momentos encapsulados ou enterrados em uma cripta, para falarmos com Abraham e Torok[55] – é o objetivo da terapia. O testemunho também é uma tentativa de reunir os fragmentos do "passado" (que não passa), dando-lhes um nexo e um con*texto*. Do ponto de vista do testemunho como *superstes*, esse objetivo é sempre uma *Aufgabe*, ou seja, encontra-se no registro aporético sob o qual W. Benjamin pensou a tradução como *double bind*, como tarefa e desistência. Não existe *kátharsis* possível para esta experiência.

A cena do testemunho da Schoá. Ela foi pensada, em primeiro lugar, como uma cena de *tribunal*: aqui, o testemunho cumpre um papel de justiça histórica e de documento para a história. Foi este o sentido principal, sobretudo da produção de testemunhos no imediato pós-guerra, como foi o caso da importante obra de Primo Levi, *É isto um Homem?* A segunda cena característica é mais individual e vê o testemunho como um momento de perlaboração do passado traumático. Aqui passamos a encontrar de modo mais evidente o testemunho como *superstes*. No teor testemunhal, encontramos estes dois elementos – o testemunho da história no sentido de *testis* e o testemunho da experiência, no sentido de *superstes* –, mas eles se apresentam em diferentes dosagens, variando conforme o autor e a "onda de memória" em que o testemunho foi feito.

O testemunho possui um papel de aglutinador de um grupo de pessoas – antes de mais nada, em se tratando da Schoá, dos próprios judeus – que constroem a sua identidade a partir da identificação com essa "memória coletiva" de perseguições, de mortes e dos sobreviventes. Na "era das catástrofes", a identidade coletiva (e mesmo nacional) tende a se articular cada vez menos com base na "grande narrativa" dos fatos e personagens heroicos e a enfatizar as rupturas e derrotas. Daí também a atualidade do conceito de testemunho para articular a história e a memória do ponto de vista dos "vencidos". O testemunho funciona como o guardião da memória[56]. O risco da ênfase na memória coletiva (em oposição a outras comunidades de "memória coletiva") é sucumbir no fundamentalismo

55 Cf. Nicolas Abraham; Maria Torok, *Cryptonymie – Le Verbier de l'homme aux loups*, Paris: [s.n.], 1976.

56 Cf. R. Dulong, op. cit., p. 185.

da memória[57]. A ética da representação, neste caso do fundamentalismo, pode levar a uma recaída na lógica do testemunho como uma guerra entre "provas e evidências", que não deixa mais espaço para o diálogo e para a transformação da tradição. A riqueza e o segredo da força da tradição do judaísmo advêm justamente do fato de se ter compreendido que a memória só existe no duplo trilho do passado e do presente.

A literatura de teor testemunhal. A noção de "literatura de testemunho" é mais empregada no âmbito anglo-saxão. Aqui poderíamos pensar na importância dos grandes tribunais do pós-guerra (origem das ondas de testemunho), assim como em um diálogo com os estudos literários latino-americanos (onde o conceito de "testimonio" teve um importante papel desde os anos de 1970)[58]. No contexto de língua germânica, até os anos de 1990 costuma-se falar mais de "Holocaust-Literatur", antes da introdução do conceito de *Zeugnisliteratur* pela via tanto dos estudos da Schoá como da América-Latina. Não se procura normalmente nessa bibliografia definir de modo estrito qual seria a literatura de testemunho: de um modo geral, trata-se do *conceito de testemunho* e da forte presença desse elemento nas obras de sobreviventes ou de autores que enfocam as catástrofes (guerras, campos de concentração etc., predominantemente do século XX). Os autores estudados como fazendo parte do cânone testemunhal da Schoá (independentemente do fato de serem testemunhas primárias) são: Primo Levi, Paul Celan, Victor Klemperer, Aharon Appelfeld, Jorge Semprun, Jean Améry, Adam Czerniakow, Calel Perechodnik, Robert Antelme, Georges Perec, Charlotte Delbo, Ruth Klüger, Maurice Blanchot, Jean Cayrol, David Rousset, Art Spiegelman, entre outros. Com os estudos que realizam paralelos entre o testemunho da Schoá e o do Gulag, bem como com obras de (ou sobre) sobreviventes de outros genocídios e

57 Cf. A. Margalit, op. cit., p. 61.

58 A noção de testemunho foi pensada na teoria da literatura europeia e anglo-saxã a partir do *boom* de testemunhos que foi desencadeado por "ondas de memória", muitas vezes deslanchadas por grandes processos, como o de Nuremberg e o de Eichmann em Jerusalém. Cf. A. Wieviorka, op. cit., 1998. Também o filme *Shoah* de Claude Lanzmann, de 1985, e, posteriormente, o *Schindler's List*, de Spielberg, foram responsáveis por novas ondas de testemunho e funcionaram como catalisadores para a criação dos arquivos de vídeo-testemunhos de sobreviventes da Schoá.

catástrofes, estabeleceu-se uma nova área dedicada ao estudo comparado dos genocídios[59].

O "testimonio" na América Latina. Na América Latina, o conceito de *testimonio* foi desenvolvido nos países de língua espanhola a partir do início dos anos de 1960. Diferentemente do que ocorre na reflexão sobre o testemunho da Schoá na Alemanha, na França ou nos EUA, na Hispano-América passa-se da reflexão sobre a *função testemunhal da literatura* para uma conceitualização de um novo *gênero* literário, a saber, a *literatura de "testimonio"*. A "política da memória", que também marca as discussões em torno da Schoá, possui na América Latina um peso muito mais de política "partidária" do que "cultural": aqui ocorre uma convergência entre política e literatura. Dentro de uma perspectiva de luta de classes, assume-se esse gênero como o mais apto para "representar os esforços revolucionários" dos oprimidos, como afirmou Alfredo Alzugarat[60].

Eis porque Cuba terá um papel chave na institucionalização deste gênero. Este país assumiu a liderança de um movimento de revisão da história que passou a ser recontada a partir do ponto de vista dos excluídos do poder e dos explorados economicamente. A revista *Casa de las Américas* teve um papel fundamental nesse processo. Foi ela que, em 1970, criou o "Premio Testimonio Casa de las Américas"[61]. O centro cultural Casa de las Américas, que havia sido fundado no próprio ano da revolução, 1959, criara uma revista com a função de estabelecer uma "ponte de comunicação com os países irmãos do continente"[62]. No artigo de Angel Rama, "Diez Problemas para el Novelista Latinoamericano", de 1964, o autor já detecta "uma forte tendência ao documentarismo, às formas da reportagem quase direta, [...] à literatura testemunhal, à autobiografia mais ou menos encoberta [...] Devemos notar, contudo," – continua Rama – "que essa inclinação para a narrativa autobiográfica e para o documental não

59 Cf., por exemplo, os dois volumes organizados por Mihran Dabag; Kristin Platt, *Genozid und Moderne, Bd.1, Strukturen kollektiver Gewalt im 20. Jahrhundert*, Leske: [s.l.], 1998 e *Genozid und Moderne, Bd.2, Erinnern, Verarbeiten, Weitergeben*, Leske: [s.l.], 2000.

60 El Testimonio en al revista *Casa de las Américas*, em Hugo Achugar (org.), *En Otras Palabras, Otras Historias*, Montivideo: Universidad de la Republica, Faculdad de Humanidades y Ciencias de la Educación, Departamento de Publicaciones, 1994, p. 171-228, cf. p. 173.

61 Idem, p. 182.

62 Idem, p. 172.

são patrimônio exclusivo das revoluções mas sim [...] de toda mudança social rápida, em todo mundo"[63].

O *romance testemunhal*, no entanto, é diferenciado – no contexto da teoria do *testimonio* – do *testimonio* como gênero que se institucionalizou em 1970. No início dos anos 70, o governo Allende e a ditadura chilena, a partir de 1973, também foram responsáveis pelo estabelecimento do gênero *testimonio* na América Latina. Nas atas do "Coloquio sobre la Literatura Chilena de la Resistencia y del Exílio", publicada no n. 112 de janeiro-fevereiro de 1979 na revista *Casa de las Américas*, encontramos passagens preciosas quanto à definição e historicização do gênero *testimonio*. Para Concha, após 1973 não se pode mais distinguir claramente entre o político e o literário, mas mesmo pensando assim ele deixa claro que não se deve confundir o testemunho enquanto atividade que pode ser encontrada em vários gêneros e a literatura de *testimonio* propriamente dita. Esta existe apenas no contexto da contra-história, da denúncia e da busca pela justiça. A *verdade* e a *utilidade* são, portanto, fundamentais na concepção de *testimonio* e isso também vale de um modo geral para a Casa de las Américas[64]. O regime Sandinista na Nicarágua também foi responsável, nos anos de 1980, por um *boom* de testemunhos naquele país.

Na literatura de *testimonio* a ênfase recai na testemunha como *testis*, terceiro elemento na cena jurídica, capaz de com*provar*, *certificar* a verdade dos fatos. Já aqui na teoria do *testimonio*, ao invés do acento na subjetividade e indizibilidade da vivência, destaca-se o ser "coletivo" da testemunha[65]. Evidentemente, o *ponto de vista* é essencial aqui e o *testimonio* é parte da política tanto da *memória* como da *história*. Se esses dois âmbitos (o da memória e da historiografia) devem permanecer unidos e comunicantes ao pensarmos o testemunho da Schoá, para evitarmos tanto a tabuização do evento como a sua catapultagem para fora do histórico, no *testimonio* percebe-se uma tendência para a simbiose entre essas duas formas de lidar com o passado. Pode-se falar também de uma *necessidade* de se testemunhar tanto nos autores de testemunho da Schoá como nos de *testimonios*. Mas, no primeiro caso, tende-se a compreender essa necessidade não só em termos jurídicos, como também a partir da chave do trauma, enquanto na literatura de *testimonio* a necessidade é entendida quase que exclusivamente em um sentido de necessidade de se fazer justiça,

63 Idem, p. 180.

64 Idem, p. 196.

65 H. Achugar, op. cit., p. 16.

de se dar conta da exemplaridade do "herói" e de se conquistar uma voz para o "subalterno"[66].

Na definição de John Beverley, o *testimonio* é uma "narração (...) contada na primeira pessoa gramatical, por um narrador que é ao mesmo tempo o protagonista (ou a testemunha) de seu próprio relato. Sua unidade narrativa costuma ser uma 'vida' ou uma vivência particularmente significativa"[67]. Ou seja, o *testimonio* incorpora o "pacto autobiográfico", que afirma a coincidência entre o autor da narração e o seu protagonista. O testemunho é exemplar, *não fictício* e é profundamente *marcado* pela oralidade.

Para Miguel Barnet, como ele escreveu em 1970, com relação ao *testimonio*: "La llamada ficción cada vez va perdiendo más consistencia"[68]. Com relação à oralidade, já Jeremy Bentham (1748-1832) no seu *Rationale of Judicial Evidence*, estabeleceu uma clara distinção entre a deposição oral e a escrita[69]. Como recorda Dulong, o argumento de Bentham se baseia no fato de que "la parole du témoin entraine une adhésion plus forte que sa transcription" (a palavra do testemunho provoca uma adesão mais forte do que a sua transcrição), o que aumenta a "force probante" (força de comprovação) do testemunho que se alimenta também da confiança na sinceridade do testemunho. Na nossa *era de negacionismos*[70], é essencial levar-se em conta esta força e é dentro deste espírito que dezenas e dezenas de video-arquivos testemunhando as barbáries do século XX foram fundados nas últimas quatro décadas.

Esse aspecto da oralidade é particularmente importante também no contexto do *testimonio*: essa literatura nasce da boca e não da escritura, de

66 Idem, p. 7. A noção de subalterno é derivada da leitura de Gramsci feita por Gayatri Chakravorty Spivak. Cf. J. C. Penna, op. cit.

67 Apud A. Alzugarat, op. cit., p. 174. Cf. J. Beverley, *Testimonio: On the Politics of Truth*, Minneapolis, London: University of Minnesota Press, 2004; cf. ainda o volume coletivo: Georg M. Gugelberger (org.), *The Real Thing. Testimonial Discourse and Latin America*, Durham/London: Duke University Press, 1996.

68 M. Barnet, *La Fuente Viva*, La Habana: Editorial Letras Cubanas, 1983, p. 13.

69 Cf. R. Dulong, op. cit., p. 142.

70 Cf. Alain Finkielkraut, *L'Avenir d'une négation: Réflexions sur la question du génocide*, Paris: Seuil, 1982 e Deborah Lipstadt, *Denying the Holocaust: The growing Assault on Truth and Memory*, London: Penguin Books, 1994.

uma população explorada e na maioria das vezes analfabeta. O *testimonio* exige normalmente um mediador/compilador, como no caso de Elisabeth Burgos, que escreveu o *testimonio* – exemplar – de Rigoberta Menchu, sintomaticamente denominado de *Mi Llamo Rigoberta Menchú y Así me Nació la Conciencia*: o que demonstra que a figura do gestor costuma ser apagada do *testimonio*. Tudo se passa como se o jornalista, antropólogo ou sociólogo gestor fosse uma figura transparente e a sua escritura, literalmente agora, um "porta-voz" do testemunho[71]. Para resolver a seu modo esta questão, Barnet vai utilizar o conceito de "relato etnográfico" – depois de passar pelos de "novela realidad" e de "novela-testimonio"[72] – para caracterizar sua obra fundadora, *Biografía de un Cimarrón* (1966), que apresenta a narrativa (em primeira pessoa) da história de Esteban Montejo, um ex-escravo que ele entrevistou nos anos de 1960 com um gravador para recolher a "fuente viva" de seu livro testemunhal.

A cena do "testimonio". Aqui prevalece a cena do tribunal. A função identitária do *testimonio* é fundamental: ele aglutina populações, etnias e classes em torno de uma mesma luta.

A literatura de "testimonio". Desde os anos 60 procura-se vincular a literatura de *testimonio* aos gêneros da crônica, confissão, hagiografia, autobiografia, reportagem, diário e ensaio[73]. O *testimonio* é pensado também como uma cria da literatura regionalista, muito forte na literatura latino-americana da primeira metade do século XX, sendo que a "novela testimonial" seria uma espécie de irmã da literatura de *testimonio stricto sensu* enquanto narrativa em primeira pessoa e não ficcional. A teoria do *testimonio* está bem exposta nos volumes organizados por René Jara,

71 Elisabeth Burgos, *Me Llamo Rigoberta Menchú y Así me Nació la Conciencia*, Barcelona: Seix Barral, 7ª edição, 1997. Com relação à noção do tradutor como uma figura "transparente" – típica de uma certa "ideologia da tradução" que domina esta prática até nossos dias e que na historiografia implica a crença na "transparência"/"neutralidade" do historiador – cf. o ensaio de L. Venuti, *The Scandals of Translation: Towards an Ethics of Difference*, London/New York: Routledge, 1998.

72 M. Barnet, op. cit., p. 21.

73 Cf. A. Alzugarat, op. cit., 177 e s.

Hernán Vidal (1986), John Beverley e Hugo Achugar (1992)[74]. *Testimonios* canônicos são os de Rigoberta Menchú, Miguel Barnet, o de Domitila Barrios de Chungara e Moema Viezzer, *"Si me Permiten Hablar… ": Testimonio de Domitila, una Mujer de las Minas de Bolivia* [1977], Maria Esther Gílio (autora de *La Guerrilla Tupamara*, que instaurou o prêmio *testimonio* Casa de las Américas), Omar Cabezas (*La Montaña es Algo más que una Inmensa Estepe Verde*) e Bermejo González (*Las Manos en el Fuego*).

O conceito de testemunho tornou-se uma peça central na teoria literária nas últimas décadas devido à sua capacidade de responder às novas questões (postas também pelos estudos pós-coloniais) de se pensar um espaço para a escuta (e leitura) da voz (e escritura) daqueles que antes não tinham direito a ela. Daí também este conceito ter um papel central nos estudos de literaturas de minorias. Pode-se, de resto, estabelecer uma relação de proximidade entre este conceito e o de "minorização", desenvolvido nos estudos culturais a partir da noção de "littérature mineure", de Deleuze e Guattari[75]. Se para estes autores nesta literatura "tudo é político", o mesmo se passa com a literatura cujo teor testemunhal tem um local preponderante. Assim vemos também aumentar o papel desempenhado por este conceito nos estudos de literatura homossexual e nos "gender studies" de um modo geral, nos quais a escritura autobiográfica representa uma questão fundamental. O tema do testemunho também tem sido analisado com relação às artes plásticas, sobretudo nas discussões sobre o antimonumento e sobre a relação entre arte e memória[76].

74 René Jara; Hernán Vidal (orgs.), *Testimonio y Literatura*, Minneapolis: Institute for the Study of Ideologies and Literature, 1986; John Beverley; Hugo Achugar (orgs.), *La Voz del Otro: Testimonio, Subalternidad y Verdad Narrativa*, Lima/Pittsburg: Latinoamericana Editores, 1992.

75 Gilles Deleuze; Félix Guattari, *Kafka: Pour une littérature mineure*, Paris: Les Éditions de Minuit, 1975.

76 Cf. Horst Hoheisel; Marcelo Brodsky; Andreas Knitz; Fulvia Molina (orgs.), *A Alma dos Edifícios*, São Paulo: Imprensa Oficial do Estado de S. Paulo, 2004; James Young, *At Memory's Edge: After-Images of the Holocaust in Contemporary Art and Architecture*, New Haven/London: Yale University Press, 2000; Aleida Assmann, *Erinnerungsräume: Formen und Wandlungen des kulturellen Gedächtnisses*, München: C.H. Beck, 1999; N. Berg, op. cit.; Ulrich Baer (org.), *"Niemand zeugt für den Zeugen": Erinnerungskultur und historiche Verantwortung nach der Shoah*, Frankfurt am Main.:

Para concluir, quero observar que a tensão que habita a literatura na sua relação dupla com o "real" e com o "histórico" – de afirmação e de negação – também se encontra no coração do testemunho. Literatura e testemunho só existem no espaço entre as palavras e as "coisas". Mas existe uma marca específica de como esta tensão se dá no testemunho: "le témoignage a toujours partie liée avec la possibilité au moins de la fiction, du parjure et du mensonge" (o testemunho sempre está vinculado à possibilidade da ficção, do perjúrio e da mentira), afirma Derrida. "Esta possibilidade eliminada e nenhum testemunho será mais possível e não teria em todo caso o sentido de testemunho"[77]. Ou seja, o testemunho não é o literário – onde não existe a mentira, mas apenas a "verdade estética".

O famoso "caso Wilkomirski"[78] deixou claro que no campo do testemunho as questões da autoria e da referência não podem ser tratadas nem de modo positivista nem hiper-relativista. Pierre Louÿs, nas suas *Chansons de Bilitis,* de 1895, pôde simular ser o tradutor dos versos de Bilitis, que ele na verdade inventara, sem levantar a ira de ninguém (a não ser de um "fundamentalista" da filologia, como Ulrich Wilamowitz-Moellendorf; mas Louÿs

Suhrkamp, 2000; Ulrich Borsdorf; Heinrich Theodor Grütter (orgs.), *Orte der Erinnerung*: *Denkmal, Gedenkstätte, Museum*, Frankfurt/New York: Campus, 1999; Marcelo Brodsky, *Nexo*: *Un Ensayo Fotográfico*, Buenos Aires: La Marca, 2001.

77 "Cette possibilité éliminée, aucun témoignage ne serait plus possible et n'aurait plus en tout cas son sens de témoignage", *Demeure*: *Maurice Blanchot*, p. 28.

78 Refiro-me aqui à falsa autobiografia de Binjamin Wilkomirski (*Fragmentos*: *Memórias de uma Infância 1939-1948*, São Paulo: Iluminuras, 1998), que afirmou ser judeu e sobrevivente de campos de concentração e depois foi desmascarado como um farsante. Cf. M. Seligmann-Silva, Os Fragmentos de uma Farsa, *Cult*, n. 23, junho 1999, p. 60-63. Recentemente tive a oportunidade de assistir a seu longo vídeo-testemunho, onde ele narra a sua pretensa epopeia (ele teria até passado e sobrevivido à câmara de gás). Seu testemunho, sintomaticamente, é o único que já vi de sobreviventes que passaram pela Schoá quando crianças, que narra como se se tratasse de uma criança falando e tentando descrever (para adultos) suas impressões de um mundo incompreensível. Este recurso retórico de Wilkomirski (que visa convencer, e funcionou muito bem no seu livro) desmascara-o como alguém que precisou inventar seu mundo, seu "como se" ficcional. O problema não é escrever uma ficção sobre Auschwitz (qualquer um com um pouco de talento pode fazê-lo); a questão que se põe é moral, devido a sua falsa postura diante da sociedade.

soube se vingar de sua resposta irada atribuindo ao próprio Wilamowitz-Moellendorf a "tradução" de uma fictícia edição alemã do mesmo volume[79]). Ele estava atuando no campo livre do estético. Louÿs e Wilkomirski encontram-se e devem ser pensados a partir de seus diferentes contextos.

O conceito de testemunho permite, hoje, um acesso a uma série de questões que estão no centro do debate estético. Ele reintroduz uma reflexão sobre as fronteiras dos registros de escritura, nos aproximando dos "fatos" sem a ilusão do positivismo. Não por acaso a *Documenta XI*, de 2002, foi predominantemente marcada por trabalhos que utilizavam o arquivo como metáfora principal. Algumas obras eram dificilmente discerníveis dos programas a que assistimos na televisão, como jornais ou reportagens antropológicas. Isto prova mais uma vez que, de fato, vivemos numa "era de testemunhos".

O testemunho também funciona como um sistema de arquivamento do passado e sua força advém deste fato. Podemos pensar, diante da dissolução das fronteiras entre disciplinas, assim como entre os registros do ético, do estético, do político e dos restos do modo de pensar religioso, que o conceito de testemunho, com suas diferentes modalidades, permite focar esta cena atual de modo concentrado, funcionando como um Aleph borgiano. Se a estética da ilusão estava moribunda desde o "ataque" das vanguardas artísticas do início do século XX, a impressão que temos agora é a de que o espaço estético como um todo ficou abalado com as catástrofes daquele período e que se estendem até agora. A fratura do *als ob* (o "como se" ilusionista), no entanto, não significa que não saibamos mais o que é artístico e literário: na verdade tendemos, antes, a não saber mais o que *não* o é.

O indivíduo romântico – dilacerado entre a esfera pública e a sua individualidade – ainda podia ter como consolo sua tarefa quixotesca de reencantar o mundo, mesmo se esta tarefa fosse vista com ironia, uma espécie de "consolo metafísico" moderno. Com a simbiose destas esferas e a impossibilidade de levar este sonho adiante, restou ao sobrevivente do século XX testemunhar as catástrofes. Neste testemunho não se trata mais, como no tribunal da *Eumênides*, de reforçar as energias míticas que habitam a cena do tribunal, mas sim de permitir se pensar além da polaridade crime-vingança.

79 Cf. Venuti, op. cit. Tratei mais detalhadamente deste "caso Louÿs", confrontando-o com o Wilkomirski, em O Testemunho: Entre a Ficção e o "Real", em M. Seligmann-Silva (org.), *História, Memória, Literatura: O Testemunho na Era das Catástrofes*, Campinas: Editora da Unicamp, 2003, p. 375-390.

No campo atual do testemunho da Schoá e do *testimonio*, não existe lugar para a "culpa trágica" atávica e para a correlata essencialização do trágico que o arranca do chão histórico. O testemunho, com seu compromisso com o "real" e o "histórico" – duas categorias distintas e que marcam a duplicidade do *superstes* e do *testis* –, pode indicar algumas pistas para aprendermos a lidar com estes novos jogos, não só de linguagem, mas de memória, que temos diante de nós.

3.

O Silêncio e sua Representação

Renato Lessa

O Holocausto é mais do que um tema: é um estado de espírito.

IMRE KERTÉSZ

… après Auschwitz, on ne peut plus écrire de poésie que sur Auschwitz.

PRIMO LEVI

Abertura em Dez Fragmentos

1. Auschwitz, em sua máxima expressão – a do aniquilamento completo de suas vítimas –, pode ser imaginado como um experimento de vitória total do silêncio e como supressão definitiva das vozes humanas. O silêncio impõe-se, ao fim de tudo, em sua máxima compactação, precedido tão somente da inutilidade e finitude dos sons humanos. Tal como um coro em desespero, as derradeiras vozes terminam por condensar-se no definitivo *operador do silêncio* – a morte – e nele se dissolvem.

2. Penso nos gritos suprimidos pelas campânulas de Zyklon B, que contêm a um só tempo o gás da morte e o *programa do princípio do silêncio*. Penso nos gritos, e revejo mentalmente a marca das unhas deixadas nas paredes, na primeira e pequena câmara de gás de Auschwitz I. Reconheço, em tais marcas, sinais de uma partitura, cujos sons podem ser reconstituídos pelos que sabem a métrica e a harmonia da dor humana.

3. Para o *homo läger*[1], o silêncio ainda em vida é imposição e, mais do que isso, efeito que resulta da supressão das línguas e da possibilidade e da inutilidade da elaboração simbólica. Se do ponto de vista existencial for possível dizê-lo, eis aqui o *núcleo* do efeito-holocausto: erradica-se nele o atributo básico da natureza humana, revelado por Ernst Cassirer e Kenneth Burke: *Man is a symbol making/using animal*[2].

1 A expressão *homo läger* é da lavra de Paul Steinberg, utilizada em seu relato memorial intitulado *Speak you Also*, (London: Penguin Books, 2000). Ela designa o habitante do Campo, no qual as marcas humanas ordinárias começam a ser desfeitas. O *homo läger* de Steinberg é equivalente ao *muselmann* – o muçulmano – referido por Elie Wiesel e Primo Levi.

2 Cf. E. Cassirer, *Filosofia das Formas Simbólicas*, São Paulo: Martins Fontes, 2003 e *Ensaios sobre o Homem: Introdução a uma Filosofia da Cultura Humana*, São Paulo: Martins Fontes, 2005; K. Burke, Definition of Man, em K. Burke, *Language as Symbolic Action: Essays on Life, Literature and Method*, Berkeley/Los Angeles: University of California Press, 1966.

O silêncio do *homo läger* é seu confinamento ao grito primordial e ao reconhecimento de quesó há a dor e, do ponto de vista da expressão, seu urro básico[3]; uma dor sem nome, sem o que a signifique na linguagem.

4. Se submetido à pergunta filosófica básica de Willard Quine – *o que há?* –, o *homo lager* poderia, em uma suposição um tanto alucinatória, responder: *a dor*. Poderia fazê-lo, mas não na linguagem ordinária que contém o signo "dor". A resposta poderia sobrevir por meio de um esforço gutural de superação do silêncio e da mais profunda autorrevelação, posto não haver aqui engano possível. Trata-se de uma autorrevelação que dispensa a própria linguagem – sede da sempre incerta adequação entre signo e mundo – e que se traduz como um dos sons possíveis do silêncio. A expressão não simbolizada da dor configura a maior aproximação possível entre os seres humanos e algo que poderíamos designar como *verdade*. O que se apresenta, pois, é um silêncio que revela o *homo läger* como não sujeito, em dois planos cruciais: ele já não existe para os que o observam e, sobretudo, inexiste para dentro, para si: já não há mais sujeito ali. No limite, ele é algo através do qual a dor impõe o seu império.

5. Se o mundo humano é configurado por jogos de linguagem, como imaginar um mundo no qual, por diversos meios, a linguagem foi suprimida? Ou ainda: que linguagem adotar para designar e descrever um mundo no qual se opera essa falha monstruosa? Como representar o silêncio?

6. Toda linguagem está associada a uma experiência marcada pela finitude. Quando o sujeito fala, são as *suas circunstâncias* que estão a falar. A experiência com o ilimitado e com o eterno não pode reconhecer e acolher a presença da linguagem, posto que nomear é dar um limite e um tempo. Toda linguagem tem, pois, parte com a finitude. O ilimitado fenece na linguagem. Esse é o sentido, por exemplo, das prescrições teológicas que dizem da irrepresentabilidade de Deus, tal como indica o

3 Apresenta-se aqui o *caráter radicalmente antirrousseauniano* do Campo. Para Rousseau, o urro básico que se segue à dor é um operador suficiente de solidariedade. A piedade é pré-categorial. Ela antecede à linguagem. Falo, pois, de um mundo no qual os operadores de solidariedade dependem da linguagem. O regresso ao urro é a precipitação na incomunicabilidade da dor humana. Sendo a dor a máxima expressão possível da verdade, segue-se que esta é incomunicável. Eis, portanto, a demonstração, por via *dolorosa, pero no lacrimosa*, de uma máxima há muito sustentada pelo sofista Górgias: se algo existisse, seria incognoscível e incomunicável.

conceito hebraico de *Ein Sof*, o que não tem limite, o que não se dá a ver. O não limite não releva da extensão sem limite, mas da ausência de invólucro existencial. Nada além dele pode existir. Não podemos sequer declinar o seu nome, pois isto seria involucrá-lo em uma voz humana, datada e inapelavelmente vinculada ao nosso próprio abismo. Nosso abismo é o infinito-para-dentro, que quando se esvai na linguagem se faz finito e perecível. A agonia da condição humana muito deve desse hiato, dessa antinomia entre o infinito-para-dentro e a imposição de uma inscrição finita e precária na vida.

7. O não limite de Deus, posto pelas fontes judaicas medievais, se apresenta de modo claro em Spinoza – nesse particular, um pensador extremamente ortodoxo –, quando fala do divino como uma substância infinita composta de infinitos atributos. A solução espinoseana para a ilimitação de Deus e para a impossibilidade de nomeação que disto decorre está presente na fórmula *Deus sive Natura*. Um efeito *nec plus ultra* se estabelece: nada de maior pode ser pensado ou imaginado. Quis ainda Spinoza que o infinito-para-dentro fosse uma expressão e um complemento – e, pois, como parte – do infinito para fora de nós. Já não há, pois, abismo, mas complementaridade entre a potência humana e a totalidade da existência.

8. Imagine um experimento no qual o fundo de cada um, mais do que destruído, é tornado inacessível. É que o *homo läger* já não dispõe dos meios linguísticos e simbólicos capazes de garantir o acesso ao que naturalmente cria ser a sede do seu sujeito. O *homo läger* é possuidor da prerrogativa do maior esclarecimento possível: já não há mais fundo, já não há fundamento. A antropologia do *homo läger* foi inteiramente prefigurada pelos enleamentos da teologia negativa: o não fundo e o não fundamento, para todos os efeitos, fazem de fundo e fundamento, pois nada além se pode atingir.

9. O silêncio dos que seguem para a morte é, ainda, como o silêncio metafísico: não há nada, ou melhor, só há o nada, o encontro com o absurdo e com o eterno. Temos, pois, aqui um ato de elucidação final: a descoberta do eterno, o encontro com o absurdo e com o nada. Os que se dirigem ao eterno são como mônadas vazias, desprovidas de sentido e de linguagem.

10. Eis aqui o interesse filosófico em pensar o Campo: pensar a condição humana inscrita em um domínio no qual a vida é impossível. Penso não haver tema mais urgente ou relevante do que o do silêncio das vidas suprimidas.

Auschwitz/Birkenau: Uma Experiência Pessoal com o Silêncio dos Campos

Entrei em Auschwitz em uma manhã invernal, em fevereiro de 2004. As semanas anteriores, na região em torno de Cracóvia, haviam sido pesadamente atingidas por nevascas e severas quedas de temperatura. Ao frio de cerca de 20 graus negativos somavam-se montanhas de neve e placas de gelo sobre o piso escorregadio. A olhos tropicais, como os meus, o cenário conservava um quê de convite à ludicidade, a despeito da simbologia mais do que cristalizada da iminência da visão da casa dos mortos e de suas dores. Mas, de toda a forma e por toda parte, as associações da infância acabam sempre por nos governar. David Hume diria que um operador infantil apoderou-se, por um átimo, da minha fábrica de associação de ideias.

Preparara-me para alcançar Auschwitz por meio do ônibus regular que parte da estação de Cracóvia, em uma pequena viagem de cerca de uma hora. No trajeto do bairro judaico à estação, onde imaginava embarcar no primeiro ônibus da manhã, o taxista polonês ofereceu-se para conduzir-me ao Campo por razoáveis 400 *zlotys*, o que incluía o Campo original – Auschwitz I –, Auschwitz II – Birkenau –, a espera e o regresso a Cracóvia. O arranjo inesperado – e estranhamente excelente – fez com que minha chegada ao Campo antecedesse a dos demais visitantes do dia.

Devo dizer, portanto, que entrei em Auschwitz só, por volta das oito e meia da manhã de um dia de inverno. Os contornos dessa descrição parecem apropriados à iminência de um evento traumático. No entanto, o contato doloroso foi mediado e atenuado pela entrada em um recinto, análogo ao de qualquer museu, que antecede o ingresso propriamente dito no Campo. Um pavilhão de entrada, com uma pequena loja de lembranças, um guichê para doações – é gratuita a visita a Auschwitz – e uma porta lateral, ao fundo. Ao lado desse pavilhão há um café, no qual se reúnem os motoristas poloneses enquanto seus clientes deambulam pelo Campo. Não resisti à curiosidade de provar o café de Auschwitz, apenas para encontrar o gosto do absurdo completo de estar em Auschwitz a tomar café.

Depois da mediação da entrada, o ingresso no Campo e a passagem sob o seu pórtico e seu dístico célebre em ferro vazado. A hora prematura e o inverno inclemente cuidavam do rigoroso silêncio das aleias de Auschwitz. Devo dizer que havia beleza nas ruas internas cobertas de branco, na simetria dos blocos dispostos em intervalos rigorosos regulares e devidamente numerados. Beleza, ordem e silêncio. Parte dos blocos contém museus temáticos, destinados às vítimas de diferentes países. A nacionalização das vítimas e a crescente apresentação de Auschwitz como um santuário polonês – nacionalista e católico – deixaram claro para mim a exigência de um esforço de abstração como forma de aceder ao horror original.

Em outros termos, ao silêncio invernal das aleias – muito devido à ausência de visitantes – sucedeu-se a experiência de um mundo, dividido em fragmentos museográficos, que acaba por constituir-se como lugar de uma *evidência excessiva*, de uma verdade exposta com a clareza e o didatismo de um quadro sinóptico. Como se o horror fosse parcimonioso e ordenado em suas manifestações originais. Como se o horror maior do Campo não fosse a sua radical opacidade, sua desordem ontológica básica e a sensação de que o monstruoso – como em uma fábula de H. P. Lovecraft – é da ordem do que não se mostra, do que não é revelado. De um suposto sem forma, sem possibilidade de representação antecipada: aqui a imaginação é inútil e colapsa diante do espaço/tempo opaco que se interpõe entre o sujeito e o momento de sua morte.

A lógica do memorial e do museu está presente, ainda, na catolicização de Auschwitz, em sua transformação em espaço polonês e em sede de uma martiriologia católica: há aqui sinais católicos eloquentes, cruzes, procissões, imagens...

(Da mesma forma, trata-se de um espaço não imune à pior das profanações: as flores ao pé da forca na qual foi justiçado Rudolf Hoess, o último comandante de Auschwitz, o demonstram. Flores alemãs, segundo contou-me um funcionário do Campo).

Ao entrar nos espaços museológicos de Auschwitz descobri um evento ruidoso, um esforço por fazer falar o silêncio do Campo, da maneira mais clara, sinóptica e didática possível, com a consequência bizarra de interditar a experiência própria com o silêncio. O erro talvez tenha sido meu: é possível que eu tenha ido a Auschwitz para perceber o silêncio básico e original do Campo. E esse não há mais. É errado supor que os mortos deixaram atrás de si o silêncio.

Antes que os ruídos humanos ordinários dos visitantes se impusessem, meu motorista levou-me a Auschwitz II – Birkenau, o Campo maior.

Seria ingênuo dizer que não há cuidados museológicos em Birkenau. Eles são reconhecidos nas discretas indicações: as latrinas, o campo feminino, a escola, os crematórios, a rampa nova na qual desembarcaram os húngaros etc... No entanto, o que ressalta da experiência da visita a Birkenau é que ela extenua o visitante, pela imensa extensão do Campo e por seu estado de ruína intocada. As portas dos barracões estão como que entreabertas; descuidadamente entreabertas, como se há pouco fossem habitados, como se a supressão da agonia fosse recente.

Enfim, a experiência do silêncio. Silêncio como tempo congelado – metáfora fortemente apoiada nas circunstâncias climáticas da visita. Não há didatismo em Birkenau, apenas a imobilidade dos barracões e das ruínas (há mesmo uma especialização técnica dos arquitetos envolvidos com patrimônio histórico em Cracóvia, a respeito dos limites éticos e "estilísticos" de preservação de uma ruína). Há ainda a exigência de esforço físico do visitante, dadas as dimensões gigantescas de Birkenau.

Ao visitar esse lugar da morte é quase impossível não se sentir como um interno. Em outros termos, embora Birkenau seja um lugar de memória, a gramática e a semântica dos museus não se apresentam do modo usual. Birkenau *mostra-se*, enquanto o Campo original – Auschwitz I – apresenta-se como *esforço de explicação*.

Por fim, tal como frascos antigos e lacrados que, uma vez descobertos por arqueólogos, revelam o ar e os odores de suas épocas, Birkenau, ainda hoje, segrega, com seu hálito, o silêncio originário do Campo, ou a forma final da Schoá.

O Silêncio em Primo Levi: "Chegar ao Fundo"

Um dos conceitos mais centrais introduzidos por Primo Levi, em seu esforço de testemunho a respeito de Auschwitz, está contido na ideia de "chegar ao fundo". A passagem que a contém é a seguinte:

> Num instante, por intuição quase profética, a realidade nos foi revelada: chegamos ao fundo. Mais para baixo não é possível. Condição humana mais miserável, não existe, não dá para imaginar. Nada é mais nosso: tiraram-nos as roupas, os sapatos, até os cabelos; se falarmos, não nos escutarão – e, se nos escutarem, não nos compreenderão. Roubarão também o nosso nome, e, se não quisermos mantê-lo, deveremos encontrar dentro de nós a força para tanto, para que, além do nome, sobre alguma coisa de nós, do que éramos[4].

4 Cf. *É Isto um Homem?*, Rio de Janeiro: Rocco, 1978, p. 25.

Ao mesmo tempo em que os sinais de aniquilamento *exterior* das vítimas aí estão mais do que presentes, o conceito de *chegar ao fundo* revela algo que opera *para dentro*. O nada interno encontra correspondência em um processo externo de destruição do sujeito. Chegar ao fundo, pois, significa o trabalho completo de transformação do *homo sapiens* em *homo läger*.

Nesse sentido, o conceito possui implicações antropológicas importantes, já que submergir na direção desse patamar último – além do qual nada mais dotado de vida pode existir – exige o apagamento de toda experiência do sujeito. O "fundo", portanto, é um mínimo vital, cuja vigência desprovida de outros atributos exige a destruição do seu portador. O ensinamento antropológico? O de que atingimos nosso fundo/fundamento apenas através de processos de aniquilamento do sujeito em nós. Não vale, pois, a pena retrocedermos excessivamente à montante.

Ao chegar ao fundo, "a realidade nos foi revelada", uma realidade que se apresenta como supressão radical de tudo que é ordinário. O cético Levi, nessas passagens, sugere uma instigante relação entre o Campo e a ideia de verdade[5].

A iminência da chegada ao fundo possui, ainda, indicadores claros. Em primeiro lugar, é a própria linguagem ordinária que perde qualquer sentido. Esse é um dos pontos recorrentes nos relatos de Primo Levi: indicar o quanto a linguagem e as crenças do homem normal, recém-chegado ao Campo, colapsam diante do que agora aparece como inominável. As palavras simples e ordinárias, mesmo as que na vida civil designavam objetos de temor, aparecem agora como sons inarticulados e inadaptados à escala inaudita de malignidade, proporcionada pelo campo de extermínio.

5 Como químico, Primo Levi sabe que há uma associação entre verdade elementar e ausência de vestígios humanos. Em uma determinada altura, Primo Levi falou de sua própria opção pela química em função da possibilidade de lidar com elementos imunes ao fascismo. Em outra chave, o que se está a firmar é que a verdade só pode se pôr em um contexto no qual os elementos mostram-se diretamente, não mediados pelas interpretações humanas. Ao contrário dos elementos básicos, o mundo humano é o império da *diaphonía* e da fertilidade simbólica. Aqui, o esclarecimento final exige e supressão do animal que crê e fala. A aproximação entre Primo Levi e o ceticismo foi por mim sugerida em meu ensaio "Pensar a Shoah", em Saul Fuks (org.), *Tribunal da História: Julgando as Controvérsias da História Judaica*, Rio de Janeiro: Relume Dumará, 2005, p. 225-253.

O registro de Primo Levi é preciso: "pela primeira vez, então, nos damos conta de que a nossa língua não tem palavras para expressar esta ofensa, a aniquilação de um homem"[6].

Mas seria uma simplificação supor que o colapso da linguagem deve-se apenas ao caráter inédito dos fenômenos inauditos do Campo. O ineditismo fenomênico sempre foi tratado pelo animal humano através de jogos metafóricos e analógicos e neologismos renovados e, dessa forma, a linguagem logra capturar o universo dos eventos. Não. O que se afigura na experiência do Campo é antes a *inutilidade do pensamento* e, por extensão, da linguagem que o supõe.

O exemplo mais forte em Primo Levi dessa indução à inutilidade do pensamento pode ser encontrado no episódio da *supressão do "por quê"*.

Tendo sobrevivido à seleção inicial, Primo Levi percorre os rituais de entronização no Campo, sempre pontuados por longas esperas – de pé e em silêncio – entre etapas nas quais mostrava-se uma curiosa mescla de absurdo e método (nudez, tosquia, banho, desinfecção, tatuagem etc...). Ao fim de horas de rituais intermináveis e de sede insuportável, Primo Levi vê, ao lado de fora de uma janela, "um bonito caramelo de gelo". Estende a mão, colhe o caramelo que lhe é imediatamente arrancado por um guarda. Diante do ato, a pergunta ordinária, na verdade a mais ordinária das perguntas, balbuciada em seu "pobre alemão": *Warum*?

A resposta, nada ordinária, é assustadora: *aqui não existe "por quê"*.

A passagem exibe algo próximo ao impensável: um mundo onde não há "por quê". Um mundo onde não há "por quê" é um domínio no qual narrativas básicas – estórias – não podem ter lugar. É o próprio princípio da causalidade que está aqui em questão. Os seres humanos são animais que atribuem causas, que constróem associações imaginárias nas quais eventos e ideias sucedem-se uns aos outros, e que podem ser elucidadas a partir de perguntas causais. De modo mais simples, o que se está a dizer é que somos portadores de *crenças causais*, e a linguagem que exprime tais crenças exige o *por quê* como operador necessário.

Diante de um mundo constituído segundo a lógica do Campo, os sistemas mentais apegados à pergunta humana básica a respeito do *por quê* das coisas perdem todo o sentido. Um forte sentimento de falibilidade cognitiva resulta de tal supressão. Uma passagem forte de Primo Levi acaba por impor-se: "Diante desse complicado mundo infernal, as minhas ideias estão confusas; será mesmo necessário elaborar um sistema e

6 Idem, p. 25.

praticá-lo? Ou não será mais salutar tomar consciência do fato de não termos um sistema?"

Da supressão da linguagem ao silêncio. O nexo é mais do que evidente, é necessário. Não é, pois, acidental que na narrativa de Primo Levi, tanto em *É Isto um Homem?* como em *A Trégua,* episódios pungentes de silêncio tenham lugar e espaço proeminentes. Dois episódios, penso, são suficientes para indicar o peso e a centralidade do silêncio.

Em primeiro lugar, o episódio de Hurbinek – o menino mudo de Auschwitz –, narrado em *A Trégua.*

Hurbinek era um menino de três anos de idade, "um filho da morte, um filho de Auschwitz", "o mais inerme entre nós... o mais inocente" e incapaz de falar. O nome fora-lhe atribuído a partir de uma interpretação das sílabas que emitia de quando em quando.

Diz Primo Levi:

> Estava paralisado dos rins para baixo, e tinha as pernas atrofiadas, tão adelgaçadas como gravetos; mas os seus olhos, perdidos no rosto pálido e triangular, dardejavam terrivelmente vivos, cheios de busca de asserção, de vontade de libertar-se, de romper a tumba do mutismo. As palavras que lhe faltavam, que ninguém se preocupava de ensinar-lhe, a necessidade da palavra, tudo nisso comprimia o seu olhar com urgência explosiva: era um olhar ao mesmo tempo selvagem e humano, aliás, maduro e judicante, que ninguém podia suportar, tão carregado de força e de tormento[7].

Cuidado diligentemente por Henek, vizinho de cama de Primo Levi na enfermaria do "Campo Maior" de Auschwitz, Hurbinek balbuciava um som incompreensível para todos, algo como *mass-klo* ou *matisklo.*

Segue o relato de Primo Levi:

> Hurbinek continuou, enquanto viveu, as suas experiências obstinadas. Nos dias seguintes, todos nós o ouvíamos em silêncio, ansiosos por entendê-lo, e havia entre nós falantes de todas as línguas da Europa: mas a palavra de Hurbinek permaneceu secreta. Não, não devia ser uma mensagem, tampouco uma revelação: era talvez o seu nome se tivesse a sorte de ter um nome; talvez (segundo uma de

7 *A Trégua*, trad. Marco Luchesi, São Paulo: Planeta DeAgostini do Brasil, 2004, p. 28-29.

> nossas hipóteses) quisesse dizer 'comer' ou 'pão'; ou talvez 'carne' em boêmio, como sustentava, com bons argumentos, um dos nossos, que conhecia essa língua.
> Hurbinek, que tinha três anos e que nascera talvez em Auschwitz e que não vira jamais uma árvore; Hurbinek, que combatera como um homem, até o último suspiro, para conquistar a estrada no mundo dos homens, do qual uma força bestial o teria impedido; Hurbinek, o que não tinha nome, cujo minúsculo antebraço fora marcado mesmo assim pela tatuagem de Auschwitz; Hurbinek morreu nos primeiros dias de março de 1945, liberto mas não redimido. Nada resta dele: seu testemunho se dá por meio de minhas palavras[8].

Hurbinek vale, penso, como uma metáfora do Holocausto. Na verdade, Hurbinek encerra em si mesmo o Holocausto, na sua mais intensa e inacessível imanência, no seu silêncio mais irredimível. Nada se sabe dele, exceto que sofria e não podia dizê-lo. Alguém terá de fazê-lo em seu lugar. Hurbinek, nesse sentido, pode ser percebido como um *evento sem testemunha*, para empregar a expressão de Dori Laub[9].

O segundo episódio é apresentado logo ao início de *É isto um Homem?*, e descreve a atividade diligente das mães no Campo de Fossoli, antes da transferência para Auschwitz.

Aqui, o que emerge é a cena das mães em silêncio, como que a seguir os seus instintos, como mães animais, precisas e irreflexivas. As mães a seguir o destino do seu próprio instinto: cuidar dos filhos, de suas roupas, alimentá-los, limpá-los, vesti-los etc... Mesmo na iminência da ida para o Campo de extermínio.

Primo Levi observa as mães em silêncio e quando, anos mais tarde, as inscreve em seu texto de testemunho, volta-se ao leitor/observador e o interpela: "Será que vocês não fariam o mesmo? Se estivessem para ser mortos amanhã, junto com seus filhos, será que hoje não lhe dariam o que comer?"[10]

As implicações dessa interpelação serão tratadas adiante. Antes importa refletir a respeito de uma questão instigante: *como representar o silêncio*?

8 Idem, p. 30-31.

9 Cf. Truth and Testimony: The Process and the Struggle, em Cathy Caruth (ed.), *Trauma: Explorations in Memory*, Baltimore/London: The Johns Hopkins University Press, 1995, p. 65.

10 Cf. *É Isto um Homem?*, p. 14.

Como Representar o Silêncio? (Ou Mostrar por Fragmentos)

Da mesma forma que exemplos de silêncio estão presentes nas narrativas de Primo Levi, *fragmentos* ali são legionários. Em *É Isto um Homem?*, por exemplo, o leitor não encontrará um fio narrativo continuado, mas o suceder de episódios, cuja força expressiva máxima dá-se a ver através de pormenores.

Alguns exemplos, creio, são suficientes para indicar a força desse esquema formal, o do *proceder por fragmentos*.

É o caso de voltarmos ao episódio das mães que seguem o *destino do seu instinto*, em um dos mais eloquentes fragmentos construídos por Primo Levi. Por um breve momento, observa o que faziam as mães, a preparar "com esmero as provisões para a viagem", a dar banho em suas crianças, a arrumar suas malas e a lavar suas roupas. O fecho textual está contido em uma das frases mais fortes de todo o livro: "ao alvorecer, o arame farpado estava cheio de roupinhas penduradas para secar". O fragmento capta, a um só tempo o detalhe, o absurdo e o destino. E prossegue: "Elas não esqueceram as fraldas, os brinquedos, os travesseiros, nem todas as pequenas coisas necessárias às crianças e que as mães conhecem tão bem"[11].

São pormenores pungentes: a banda de música, o ritual de engraxar o tamanco, de fazer as "camas" à perfeição dentro dos barracões. David Rousset, por seu lado, viu nesses rituais uma dimensão ubuesca do Campo, em seu livro *L'Univers concentrationnaire*: "...os campos são de inspiração ubuesca. Buchenwald vive sob o signo de um enorme humor, de uma bufoneria trágica"[12].

A própria história, aqui já aludida, de Hurbinek, é um fragmento mínimo do experimento Auschwitz. Ao mesmo tempo, encerra uma imensa capacidade metonímica: sem dar passagem à visão do todo, sugere ao leitor, por sua força sintética, algo que pertence à essência mesma do Campo.

Do mesmo modo, a imagem do "caramelo de gelo" sendo suprimido vale muito mais do que qualquer enunciado conceitual a respeito da metafísica da ausência de sentido. É como se, pelo fragmento, um efeito-ímã pudesse atingir ao leitor/observador, pelo fato de carregar consigo uma voz subentendida: imagine-se nessa condição (um efeito estilístico que nos é familiar, posto que tipicamente machadiano).

11 Idem, p. 13.

12 Paris: Les Éditions de Minuit, 1965. p. 13.

Mas, além de listar eventos textuais nos quais o proceder por fragmentos se apresenta, cabe indagar: que nexo se constitui entre o silêncio e a narrativa fragmentária? Em que medida o esforço desmedido de representar o silêncio dá passagem a uma forma estética particular?

O silêncio em Primo Levi possui, ao menos, duas valências: vale como *registro da ontologia do Campo* e como *índice da recusa de uma explicação sistemática.*

Por situar-se fora da normalidade, o Campo não é submetido a narrativas causais tradicionais, voltadas para revelar-lhe o sentido. O sobrevivente/narrador é como que marcado por forte ceticismo: não há, para ele, sistema capaz de revelar o absurdo de Auschwitz, em sua totalidade. Em outros termos, não há como explicá-lo ou submetê-lo a redes de causalidade. Mas tal contenção cognitiva – promovida filosoficamente pelo ceticismo – acabará contraditada por um imperativo de ordem moral: o de *prestar testemunho*[13]. Como sabemos, o imperativo impôs-se à dúvida cética, mas sem suprimi-la. O resultado revela uma fisionomia compósita: *um narrador cético que presta testemunho*. Tal tensão, Primo Levi a reconhece no próprio ânimo dos internos, ainda não destruídos em seus atributos humanos básicos.

Em um conto intitulado "Auschwitz, Cidade Tranquila", Primo Levi recorda a condição básica dos prisioneiros, que tinham "fome de pão e também de entendimento". No entanto, a "fome de entendimento" mostrava-se – tal como seu correspondente fisiológico – impossível de ser saciada, dado o permanente estado de confusão ontológica na qual seus portadores estavam inapelavelmente inscritos. Esse parece ser o sentido da seguinte passagem:

> O mundo ao nosso redor parecia de cabeça para baixo, portanto alguém devia tê-lo virado, e por isto estar ele também de cabeça para baixo: um, milhares, um milhão de seres anti-humanos, criados para torcer aquilo que era direito, para sujar o limpo. Era uma simplificação ilícita, mas naquele momento e naquele lugar não éramos capazes de conceber ideias complexas[14].

13 Tratei desse conflito entre ceticismo e engajamento moral no texto "David Hume après Auschwitz: engagement moral et scepticisme cognitif", apresentado no Centre de Histoire et Théorie des Arts, na École des Hautes Études en Sciences Sociales, em fevereiro de 2005.

14 Cf. Auschwitz, Cidade Tranquila, *O Último Natal da Guerra*, São Paulo: Berlendis, 2002, p. 56.

Trata-se, pois, de dar a saber um mundo no qual aqueles em que o sujeito não havia sido destruído eram incapazes de "conceber ideias complexas". A positividade desse narrador exige, portanto, a solução – a um só tempo formal e substantiva – de um problema incontornável, o da *representabilidade do silêncio e de um mundo no qual ideias complexas não podiam ser concebidas*. O modo de resolvê-lo põe em ação uma definição/apresentação do observador despido de sistemas como *sujeito de uma experiência que se reconstitui a partir da apresentação de fragmentos*. Em outros termos, a ausência de sistemas – "ideias complexas" – não abole a (des)ordem dos fenômenos, e são eles que acabam por ser retidos pela memória e se constituem em matéria básica do testemunho.

Um testemunho que sobrevirá como *registro de fragmentos*. Uma *estética dos fragmentos* permite que o narrador *mostre*, mais do que explique, pois que utilidade haveria em elaborar *ex post facto* "ideias complexas", para iluminar um mundo no qual elas eram impossíveis? Ao operar com pormenores, por outro lado, um poderoso mecanismo metonímico é posto em ação: cada detalhe, ou história parcial, fala de sua positividade intrínseca, mas ao mesmo tempo sugere ao leitor os contornos gerais de uma (des)ordem gigantesca que o contém.

A operação metonímica, por sua vez, não se completa como um efeito de conhecimento, mas como estabelecimento de um *nexo de ordem mais moral do que cognitiva*, que exige do leitor adesão, solidariedade e uma moralidade compartilhada. Falo de um operador moral, e, por certo, cognitivo, movido por alguma sensibilidade à dor humana e ao absurdo.

O Dilema do Espectador Incólume

Hans Blumenberg, em um pequeno livro notável, chama-nos a atenção para a oposição que se estabelece entre o naufrágio – como metáfora – e o seu observador[15]. O naufrágio – na verdade – é uma das possibilidades de uma metáfora maior, a da navegação como forma de denominar a própria existência[16]. Segundo Blumenberg, "o naufrágio, neste campo de representação, é algo como a consequência 'legítima' da navegação".

A força da metáfora do naufrágio, contudo, depende da relação que se estabelece entre o relato e o seu leitor, ou, se quisermos, entre o *naufrágio*

15 Cf. *Naufrágio com Espectador*, Lisboa: Vega, 1990.

16 Um dos argumentos centrais de Blumenberg sugere que a metáfora na existência como navegação, presente originariamente em Lucrécio, teve um papel recorrente

e o *espectador*. Um espectador que, de forma necessária, diante do que lhe é dado a ver pela metáfora, ocupa uma posição protegida: a de um observador que é, à partida, um *espectador incólume*.

Michel de Montaigne percebeu, a propósito de Lucrécio, o caráter complexo da relação entre o naufrágio e o espectador: "ver a nossa compaixão excitada pela catástrofe e posta em jogo, provoca-nos sensações mesmo assim agradáveis"[17]. Em outros termos, o que caracteriza o espectador incólume, mesmo diante da tragédia, é, por comparação, sua sensação de autopreservação – uma "sensação agridoce de maligno agrado"[18]. A posição desse espectador pode ser apresentada como um dilema: ao mesmo tempo em que, como receptor do processo estético, é uma condição necessária para a produtividade da metáfora, o efeito de autopreservação, por contraste, o afasta do evento metaforicamente transmitido. Envolver o observador e interpelar a sua sensação autárquica é, pois, tarefa imperativa para as narrativas de testemunho. O testemunho é algo cuja produtividade depende da dissolução do halo protetor que envolve o espectador incólume.

A estética de fragmentos, presente em Primo Levi, pode ser percebida como forma de lidar com o dilema do espectador incólume. Não são as faculdades da razão, do raciocínio etiológico e sinóptico, que são mobilizadas para capturar o observador/ouvinte e neutralizar a sensação de incolumidade e proteção. Ao contrário, tais faculdades têm como contraponto uma crença no real como algo estruturado por redes de causalidade, diante das quais a surpresa com os eventos toma a forma de uma atitude infantil e pré-cognitiva, a ser ultrapassada pela avaliação racional. Afirma-se, portanto, uma grave incompatibilidade entre a *compreensão racional* e a *empatia existencial*, e é exatamente sobre essa última dimensão que a estética dos fragmentos busca intervir.

Os efeitos gerados pela estética dos fragmentos exigem a adesão moral do observador, para que os fragmentos possam *falar* – ou seja, incorporar uma dimensão transitiva – e para que o *efeito de vislumbre* daquilo que permanece obscuro seja produzido. As roupas no arame farpado, por exemplo, não revelam a natureza completa e objetiva do Holocausto, mas produzem uma centelha de sentido, um efeito metonímico falhado

e estruturante em diversas reflexões, até a modernidade, sobre os significados da vida. O próprio Primo Levi incorrerá na metáfora em um de seus livros, intitulado *Os Afogados e os Sobreviventes* (I Salvati e i Sommersi).

17 Cf. *Ensaios*, III, 12, apud H. Blumenberg, op. cit., p. 31.

18 Cf. H. Blumenberg, op. cit., p. 31.

e incompleto, já que o todo não se dá a perceber pelo pormenor. Ainda assim, a adesão moral do observador percebe o *caráter excessivo* do fragmento, cujo sentido constrói-se além de si mesmo, o que impede que o mesmo seja percebido como pormenor desprovido de significado. É exatamente a percepção do caráter excessivo do fragmento que interdita a constituição do observador como espectador incólume.

Em que consiste esse *caráter excessivo* do fragmento?

O crítico de arte Ernst van Alphen detectou em algumas manifestações da arte contemporânea – em especial nas obras de Christian Boltanski e Anselm Kiefer –, algo que designou como um "efeito Holocausto"[19]. Tal efeito resultaria de uma ação de apresentação ou reencenação, por meio de um ato performativo, que provoca no observador a sensação de uma experiência direta com o Holocausto. Não se trata de representá-lo, de incluí-lo em uma estratégia explicativa, voltada para a elucidação, mas de reencenar alguns de seus efeitos e, por essa via, ultrapassar o limiar da incolumidade.

No que diz respeito a Primo Levi, a apresentação dos fragmentos vem acompanhada de um recurso coadjuvante. Uma voz nos interpela, com frequência, quando estamos diante dos fragmentos mais doloridos. Assim, no episódio das mães que seguem o destino do seu instinto, uma voz interdita qualquer sensação de conforto por não nos confundirmos com os personagens e suas dores. Ao indagar se nós não alimentaríamos nossos filhos se estes estivessem para morrer, Primo Levi institui um universo hipotético que não mais nos deixará, se dispusermos das mais ordinárias faculdades de *fellow feeling* ou de simpatia, para introduzir o léxico particular de David Hume e Adam Smith.

A todo o momento somos fustigados com interpelações, a maior de todas contida no título da memória maior do Campo: *É Isto um Homem?* Interpelação posta logo à saída, no poema de abertura do livro, escrito em 1946, cuidadosamente denominado "Schemá" (Escuta), o nome da mais pungente reza da liturgia judaica: *Schemá Israel, Adonai Eloheinu, Adonai Ekhad* (Escuta Israel, o Eterno é nosso Deus, o Eterno é um[20]). É a analogia com a reza central da tradição judaica, entoada pelo canto dos *chazanim* (os cantores das sinagogas), que acaba por se impor. Na liturgia, trata-se do

19 Cf. *Caught by History: Holocaust Effects in Contemporary Art, Literature and Theory*, Stanford: Stanford University Press, 1997.

20 Sigo a tradução da publicação da Associação Religiosa Israelita do Rio de Janeiro (ARI/RJ), *Recebendo o Shabat: Kakalat Shabat, Serviço Vespertino do Shabat*, Rio de Janeiro: ARI/RJ, 1986, p. 25.

imperativo de uma escuta, que faz com que os seus praticantes sejam sujeitos de um nexo único. A transposição da linguagem da *Schemá* para o universo de Auschwitz tem por finalidade impedir que a dor originária, imanente e inatingível, se afaste de nós fazendo com que aqui permaneça, como um imperativo identitário. Trata-se de uma fusão incomum entre a dor e os lamentos do Campo com a potência da interpelação da escuta.

Os termos originais do "Schemá", versão de Primo Levi, são os seguintes:

Voi che vivete sicuri
Nelle vostre tiepide case,
Voi che trovate tornando a sera
Il cibo caldo e visi amici:
    Considerate se questo è un uomo
    Che lavora nel fango
    Che non conosce pace
    Che lotta por mezzo pane
    Che muore per un sí o per un no.
    Considerate se questa è una donna,
    Senza capeli e senza nome
    Senza piú forza di ricordare
    Vuoti gli occhi e freddo il grembo
    Come una rana d'inverno.
Meditate che questo è stato:
Vi comando queste parole.
Scolpitele nel vuostro cuore
Stando in casa andando per via,
Coricandovi alzandovi;
Ripetetele ai vostri figli.
    O vi si sfaccia la casa,
    La malatia vi impedisca,
    I vostri nati torcano il viso da voi[21].

21 . Cf. *Se questo è un uomo*, Torino: Einaudi, 1958, p. 7. A tradução brasileira, de Luigi del Re é a seguinte: "Vocês que vivem seguros/em suas cálidas casas,/vocês que, voltando à noite,/encontram comida quente rostos amigos,/pensem bem se isto é um homem/que trabalha no meio do barro,/que não conhece a paz,/que luta por um pedaço de pão,/que morre por um sim ou por um não./ Pensem bem se isto é uma mulher,/ sem cabelos e sem nome,/sem mais força para lembrar,/vazios os olhos, frio o ventre,/como um sapo no

Não há como compatibilizar o enunciado da "Schemá", na versão de Primo Levi, com qualquer condescendência para com a incolumidade do observador: a interpelação que provém do silêncio do Campo inscreve-se na ordem da escuta, e não da representação.

inverno./Pensem que isto aconteceu:/eu lhes mando estas palavras./Gravem-na em seus corações,/estando em casa, andando na rua,/ao deitar, ao levantar; repitam-nas a seus filhos./Ou, senão, desmorone a sua casa,/a doença os torne inválidos,/os seus filhos virem o rosto para não vê-los", *É Isto um Homem?*, p. 9.

4.

Zonas de Silêncio e Segredo Familiar:

a transmissão interrompida

Marylink Kupferberg

O que me incomoda agora é o seguinte:
se nós não lidamos com os nossos sentimentos,
se não entendemos nossa experiência,
o que estamos fazendo com os nossos filhos?[1]

Considerado como um evento limite, paradigma de catástrofe da humanidade, a Schoá[2] transformou-se em marco definidor da civilização moderna. Quando se passou a querer o extermínio do *outro*, deixou de ser suficiente manter a integridade dos grupos através da identificação a um líder (Führer) que dirigisse a hostilidade ao *estrangeiro*. Estava preparado o terreno para o engendramento e a concretização da mais engenhosa indústria da morte, a *solução final*. Este não foi o único genocídio da história, também não foi a única experiência concentracionária e de traumatização de massa. Separações, perdas, torturas, assassinatos, perseguições, prisões injustas, segregação, escravidão, fome, ocorreram e seguem ocorrendo, em muitos outros episódios em diferentes partes do mundo.

O que então tornou a Schoá uma experiência única?

Existe um ponto essencial para se compreender a singularidade da Schoá, com o qual muitos estudiosos estão de acordo: o fato de ter sido uma perseguição sancionada e orquestrada pelo governo de um país, sob a legislação do poder de Estado, organizada de tal forma que nenhuma chance de defesa era possível. Cada vítima era perseguida sem trégua, não só pelas forças governamentais, militares ou policiais, mas também pelos vizinhos, amigos, estranhos, aproveitadores para extorsão. Qualquer um podia se tornar delator e se constituir em fonte de perigo de vida. Mesmo os que escaparam da prisão imediata, viveram sob ameaça constante. Desde então, desenvolveu-se

1 Shoshana Felman, Educação e Crise, ou as Vicissitudes do Ensinar, *Pulsional Revista de Psicanálise*, ano XI e XII, n. 116 e 117, São Paulo, Livraria Pulsional, 1998/1999, p. 9. Este ensaio foi originalmente publicado em *American Imago* 48, n. 1(1991).

2 Schoá é uma palavra hebraica que significa *catástrofe* ou *destruição*, às vezes *desolação*. O termo, originariamente bíblico significando um desastre de amplas proporções, tem sido utilizado desde o término da Segunda Guerra Mundial como o equivalente hebraico para *Holocausto* e apareceu neste contexto, pela primeira vez, numa brochura concernente ao auxílio dispensado aos judeus poloneses, publicada em Jerusalém em 1940. Os dois termos denotam a tentativa feita pelos alemães nazistas, sob a liderança (*Führung*) de Hitler, de destruir os judeus da Europa durante a II Guerra. Sem dúvida, muitos outros indivíduos e grupos foram perseguidos e sofreram destino semelhante durante esse período, mas somente os judeus foram marcados para completo e total aniquilamento.

um sistema de alarme crônico, um alerta permanente, cada um sempre preparado para o pior. A perseguição constante causou sérias consequências na vida após a guerra e para a descendência dos sobreviventes, tornando-se um dos fatos mais marcantes na vida da Segunda Geração[3].

Ao mesmo tempo, o horror da experiência concentracionária nazista redefiniu a reflexão sobre o Real e as possibilidades de sua representação, quando sua inclusão no campo da circulação do que faz sentido para os humanos se tornou imprescindível.

Enquanto pertencente à Segunda Geração pós-guerra, meu lugar de proximidade em relação à Schoá me convocou a escutar, nas *dobras do silêncio*, o emudecimento de recordações, desejos, sensações e sentimentos como reação à catástrofe. Os traços deixados no corpo e na alma daqueles que sobreviveram ao horror dos mais de mil e quinhentos campos de concentração nazistas, que povoaram a Europa durante a Segunda Guerra, não só deixaram sua marca nos sobreviventes como, apesar do *silêncio,* mapearam a história da geração que foi acalentada em seus braços.

As indagações sobre o sentido dos acontecimentos na guerra que desmontou os mitos construídos no alvorecer da modernidade sobre a civilização se repetem desde então, não mais endereçada diretamente aos sobreviventes, é claro, mas a *todos* aqueles que, do mesmo modo que eu, ou de formas diferentes, são filhos de sobreviventes da Schoá, capazes de perceber em suas próprias vidas os efeitos de uma transmissão realizada pelas beiradas do Simbólico, por meio de palavras, atos, gestos, marcas, lacunas e, principalmente, *silêncios* – consequência dos traumas resultantes dessa ou de outras catástrofes, traumas que jamais puderam ser elaborados. Testemunho acolhido que, ao ser transformado em narrativa e reflexão, permite tornar dizível aquilo que, do contrário, não cessa de se repetir de geração em geração.

O impacto da história certamente deixou suas marcas na cultura e seus efeitos no psiquismo dos indivíduos afetados pelos traumas reiterados, e que trazem em seu bojo o enigma de um paradoxo – *a destruição e a sobrevivência*. Como consequência, a repetição das cenas traumáticas nos pesadelos, delírios e alucinações por parte dos sobreviventes, seguiu-se de um despertar para a angústia avassaladora, experiência de quem perdeu a experiência (*Erfahrung*). Prisioneiros nas malhas da repetição, criaram formas de vida próprias aos homens privados da possibilidade de um desgaste da *memória traumática*.

3 Termo usado para nomear a geração nascida depois da guerra, filhos dos sobreviventes da Schoá.

Tentar compreender significa ser capaz de situar a catástrofe entre a história e a psicanálise, isto é, ocupar-se com *o trauma e seus destinos*, com as formas de enfrentamento da devastação psíquica por ela provocada que, necessariamente, encaminham à investigação dos efeitos pós-traumáticos e sua transmissão às gerações subsequentes. O testemunho acolhido e transformado em narrativa torna dizível o que, do contrário, não cessará de se repetir de geração em geração.

Zonas de Silêncio e Segredo

1946, na Itália devastada pelo pós-guerra, Primo Levi (1919-1987) foi o primeiro sobrevivente dos horrores do nazismo a afirmar a necessidade de se pensar a Schoá do ponto de vista psíquico. E revela seu objetivo: não apenas registrar os acontecimentos dolorosos e acusar os responsáveis pelas atrocidades ocorridas, mas, sobretudo, reunir uma documentação que garantisse a produção de um estudo desapaixonado "de certos aspectos da alma humana"[4]. Entre a necessidade e a impossibilidade de traduzir em linguagem e/ou em narrativa as humilhações, a violência, a vergonha e as perdas; entre o que é narrado e, no entanto, é impossível dizer, Levi expôs o traumático que retornava reiteradamente nos sonhos de angústia que jamais o abandonaram[5].

Em *Os Afogados e os Sobreviventes*[6], Levi enfatiza a recusa à escuta enfrentada pelos poucos que retornaram às suas casas, através do relato de um sonho recorrente. Ao voltarem de Auschwitz, desejando partilhar o acontecido, esbarravam na resistência dos que, durante a guerra, permaneceram indiferentes e que, após seu término, dela nada queriam saber, ou porque se sentiram culpados, ou por não suportarem a realidade do horror. Silêncio e recusa que, para Freud e Ferenczi, são parte integrante do processo traumático, cujas consequências atingiram muito além da geração de sobreviventes.

4 *É Isto um Homem?*, Rio de Janeiro: Rocco, 1988. Vale lembrar que o título dado a este primeiro livro-testemunho de Primo Levi corresponde a um verso do Inferno de Dante, que inspirou o poema que abre seu relato, p. 7-9.

5 Na epígrafe, 1946, e no encerramento, 1962, de *A Trégua*, São Paulo: Companhia das Letras, 1997, p. 358-359.

6 *I Salvati e i Sommersi* [1986], trad. bras., São Paulo: Paz e Terra, 1990.

Vítimas e opressores tinham consciência do absurdo que ocorria no cotidiano da vida concentracionária, tão absurdo que ninguém acreditaria no que mais tarde fosse contado pelos sobreviventes. Tal sentimento atingiu até mesmo os oficiais da SS, que ironizavam: "se sobrar alguém para contar, ninguém vai acreditar". Enlouquecido pelo horror, imerso no sentimento de irrealidade, o escritor espanhol Jorge Semprún[7], não judeu, preso e deportado, testemunhou que Buchenwald[8] não era *indizível*, era *invivível*. Apesar disso, passou a considerar como único real a realidade vivida no *Lager*[9], sobre a qual decidiu silenciar para poder sobreviver. Somente cinquenta anos depois da libertação, ao tomar conhecimento do suicídio de Primo Levi, é que decidiu iniciar o trabalho de escrita de suas memórias.

O *silêncio* que se abateu sobre os acontecimentos daquela época e acompanhou o plano genocida de Hitler, impedindo a difusão da verdade, "constitui uma das maiores culpas coletivas do povo alemão e a mais aberta demonstração de vileza a que o terror hitleriano o tinha reduzido"[10]. O medo e a ignorância, forjados deliberadamente, calaram os que poderiam ter impedido o processo de isolamento dos prisioneiros; se estes não se calassem, teriam contribuido para que o mal não se alastrasse tão facilmente[11]. Se os homens não fossem tão profundamente indiferentes ao outro, Auschwitz não teria sido possível, teria sido considerado inaceitável.

7 Jorge Semprún nasceu em Madrid a 10 de dezembro de 1923. Exilado na França em fevereiro de 1939, licenciou-se em filosofia na Sorbonne. Em 1942, ingressou no Partido Comunista e participou da resistência antinazista. Detido em setembro de 1943, foi deportado para Buchenwald, de onde só saiu em 1945.

8 Campo de concentração nazista na Alemanha com prisioneiros ciganos, homossexuais, praticantes da doutrina Testemunha de Jeová, judeus, opositores políticos e comunistas, cuja utilidade era a fabricação de armamentos. Apesar de não ter sido um campo de extermínio sabe-se que morreram 50 mil pessoas.

9 "Campo", na terminologia sobre o nazismo e o Holocausto, designa o campo de concentração.

10 Diane Kuperman, Amnésia Histórica: Uma Estratégia Política de Dominação, em H. Lewin (org.), *Judaísmo, Memória e Identidade*, v. II, p. 237-246, Rio de Janeiro: UERJ, 1997, p. 237.

11 *Shoah*, o filme-testemunho de Lanzmann (1985), mostra como a rede ferroviária que conduzia aos campos de concentração constituía um sistema entrelaçado à vida cotidiana, política e econômica do país.

Rompe-se o Silêncio

Muitos anos transcorreram até que a verdade sobre os campos de extermínio viesse a público e que o *silêncio* fosse rompido. Terminada a guerra, enquanto tantos alemães afirmaram "não saber" o que ocorria, tentando manter-se à margem das consequências de suas omissões, o silêncio se constituiu em poderoso obstáculo a qualquer forma de elaboração do traumático e do processo de luto. E se perpetuou.

Em 1992, Shoshana Felman[12] e Dori Laub[13] publicaram um livro sobre *testemunho*, que situa os autores numa perspectiva com a qual nos identificamos ao afirmarem que a história da Schoá ainda não terminou. Uma catástrofe como a Schoá não se reduz a este ou aquele povo, nem pode ser pensada como um acontecimento encapsulado no passado. O sociólogo polonês Zygmunt Bauman sempre havia pensado no período da ocupação da Polônia pelos nazistas como parte de um passado estático, qual um "quadro na parede", pertencente a judeus e alemães. A biografia de sua esposa Janina, que rompeu um longo silêncio sobre sua vida no Gueto de Varsóvia, levou-o a ver o episódio negro da Alemanha como quem olha de uma janela, através da qual é possível ter acesso a imagens que dizem respeito aos humanos desde o passado até os dias atuais[14].

O escritor alemão Günther Grass, ao abordar as consequências advindas dos anos sombrios do nazismo para a formação da subjetividade alemã no pós-guerra, reconheceu publicamente que, desde a derrota do nazismo, pesa sobre a Alemanha, incluindo a si próprio, um sentimento de vergonha[15], sem que uma tomada de consciência torne possível a elaboração dos crimes cometidos e das perdas sofridas[16]. As palavras finais de *Nuit et brouillard*, filme de Alain Resnais, explicitam bem a recusa da realidade de que falam Bauman e Grass, desde 1955, mas ainda hoje tão atuais:

12 Crítica literária e professora na Faculdade de Yale.

13 Psicanalista e cofundador do Vídeo-Arquivo para Testemunhas do Holocausto em Yale.

14 *Modernidade e Holocausto*, Rio de Janeiro: Jorge Zahar, 1998, p. 10.

15 *Die Zeit*, n. 7, 9 fevereiro de 1990, p.61.

16 Para aprofundar essa temática, ver também Alexander Mitscherlich, *Die Unfähigkeit zu trauern*, Munich: Piper, 1967.

> E há aqueles de nós que olham sinceramente para essas ruínas como se o antigo monstro concentracionário estivesse morto sob os escombros, que fingem retomar as esperanças diante dessa imagem que se distancia, como se alguém pudesse se curar da praga do campo de concentração, nós que fingimos acreditar que tudo isso foi de uma época e de um país, e que não pensamos em olhar ao nosso redor, e que não escutamos o grito sem fim.

A dor, a exclusão, o horror e as ameaças constituídas pelos regimes totalitários e fundamentalistas não terminaram com a Segunda Guerra. Suas repercussões estão presentes na cultura, no terrorismo, na violência, na segregação, na barbárie, na exclusão social, na exploração e destruição do outro e as consequências traumáticas evoluem ativamente no cenário atual, sem que o questionamento a seu respeito possa arrefecer. Apesar de passadas duas gerações desde a Schoá, apesar dos testemunhos – em livros, filmes, vídeos, monumentos –, o que não é simbolizável, por ser da ordem da devastação psíquica, mantém uma necessidade crescente de buscar formas de representação para vivências traumáticas, cujas sequelas resistem ao desgaste do tempo.

Sobreviver ao Trauma

Quando a referência é uma catástrofe, o sujeito é mergulhado no mais além de uma inquietante estranheza, "rasgando a cadeia simbólica" e afundando no real da *angústia*, totalmente fora do campo das representações. Significa estar submetido ao *outro* que o condena à retraumatização permanente. A violação do aparelho psíquico coloca em pane suas leis regulares, perpetuando a ruptura que se produziu no momento da catástrofe. A condição para que esta venha a ganhar sentido para o sujeito, com capacidade de circular em meio ao campo das significações, é a *repetição*[17]. A impossibilidade dessa circulação inviabiliza a construção de uma memória e de um testemunho que construam narrativas de um passado a ser transmitido para um futuro.

Nesses casos, somente a repetição insiste até o momento em que uma nova experiência – psicanalítica ou não – dispare o processo de simbolização e permita dominar as feridas traumáticas. Quando o acontecimento

17 Cf. S. Freud, Além do Princípio do Prazer, *Edição Standard Brasileira das Obras Psicológicas Completas de Sigmund Freud*, v. XX, Rio de Janeiro: Imago: 1980.

desencadeante do trauma é reiterado, provoca um buraco de investimento narcísico e lança o sujeito numa experiência de abandono que não guarda relação com a *experiência de desamparo* que, segundo Freud, é constitutiva do sujeito humano. Se o traumatizado tem um suporte para a interlocução, o tecido psíquico lacerado pode ser restaurado e a hemorragia de libido narcísica provocada com o choque da experiência, impossível de ser simbolizada, pode ser estancada. Quando o traumático se repete num sistema de seriação é impossível interromper o fluxo contínuo da catástrofe. Nesse caso o destino é o *estado de de-solação* – tomando emprestada a expressão de Hannah Arendt – onde o que passa a imperar é a *menosvalia narcísica*[18].

Portanto, *sobreviver* ao trauma nunca é uma tarefa simples, não significando apenas escapar da morte. A questão imposta aos sobreviventes da Schoá foi a de como *sobreviver* conservando a dignidade, a ética e a moral de um ser humano num meio em que antes de matarem suas vítimas, os nazistas faziam o possível para demonstrarem o mal que representavam. Como construir uma narrativa, um passado que escapou àquele que o vivenciou, um domínio sobre a real causa do trauma, quando nos *Ghettos* e nos *Lagers* o sujeito se viu reduzido à condição de coisa (*Stück*)?

Por que os sobreviventes não conseguiram contar o vivido a seus descendentes? Por que um silêncio tão longo? Apesar do desejo de testemunhar, e legar sua história aos filhos e netos, não conseguiam fazê-lo diretamente. Sabemos como muitos vieram a conhecer a história dos pais já adultos, através de terceiros. Kestenberg justifica essa omissão depois de compreender o lugar característico que os filhos dos sobreviventes passaram a ocupar no imaginário dos seus pais: "São percebidos como reencarnação dos familiares mortos, capazes de culpabilizá-los por seus pecados"[19]. Este aspecto foi um dos responsáveis pelo sentimento adquirido pela Segunda Geração de serem encarregados pelos pais de cumprirem uma difícil missão – desfazer a vivência da Schoá, restaurar as perdas sofridas pelos pais

18 Da ordem do desenraizamento e da massificação que se deixa ouvir no jogo de palavras próprio ao termo francês *de-solée* que junta melancolia a uma privação de solo, de espaço. Cf. Hannah Arendt apud Julia Kristeva, *O Gênio Feminino: A Vida, a Loucura, as Palavras: Hannah Arendt, Melanie Klein, Colette*, t. 1, Rio de Janeiro: Rocco, 2002, p. 134.

19 Judith S. Kestenberg, Adult Survivors, Child Survivors, and Children of Survivors, em J. S. Kestenberg; C. Kahn (eds.), *Children Surviving Persecution. An International Study of Trauma and Healing*, Westport: Praeger, 1998, p. 56-65.

e encarnar os que foram dizimados, transformando a história. Entrevistas realizadas atestam a exigência dessa missão messiânica determinante no desempenho de diferentes papéis atribuídos pelos pais – de salvadores, de restauradores ou de bode-expiatórios.

Quando, após a liberação, foram se revelando os horrores daqueles anos, os sobreviventes só puderam se dar conta da extensão de suas perdas gradualmente. Apesar das incansáveis buscas, muitos jamais tiveram notícia do que havia acontecido aos que desapareceram, tornando impossível o enterro de seus mortos. Incapazes de compreender integralmente a tragédia, sem poderem expressar a dor e a raiva, viviam a urgência de se encarregarem da difícil tarefa de reconstrução de algum tipo de vida cotidiana. Uma das formas de enfrentar a dolorosa realidade foi a de preservarem a esperança de um dia reencontrarem seus entes amados. Isso, evidentemente, constituiu um forte obstáculo para qualquer forma de luto. O *silêncio* e o *segredo*, presentes nos testemunhos, revelam que a elaboração das vivências traumáticas e o luto pelas perdas não se realizaram antes do nascimento da Segunda Geração, nem pelas vítimas, nem pelos algozes, perpetuando os efeitos dos traumas vividos e impedindo que se restringissem à sua geração. Daí concordarmos com Yael Danieli[20], que afirma ser fundamental compreender a transmissão intergeracional, com vistas a desenvolver meios de evitar a transmissão de patologias psíquicas a gerações sucessivas.

Como reação ao *mal absoluto* associado à decepção frente às experiências pós-guerra[21], muitos sobreviventes resolveram jamais colocar

20 Uma das mais importantes pesquisadoras dos efeitos da Schoá sobre a Segunda Geração, nasceu em 4/3/1940 no Kibbutz Tel Ytzhak, na Palestina, onde, em 1948, foi constituído o Estado de Israel. Depois de servir ao exército, formou-se em música, filosofia e psicologia, vindo a se tornar liderança nos estudos sobre os sobreviventes da Schoá e seus descendentes. Cofundadora e diretora do Group Project for Holocaust Survivors and their Children na área de Nova York, autora de numerosas publicações e editora de dois livros sobre o tema: *International Responses to Traumatic Stress* e *International Handbook of Multigenerational Legacies of Trauma.* Seu trabalho se aplica não só aos sobreviventes da Schoá e a seus filhos, mas também a vítimas e sobreviventes de outros genocídios e traumas.

21 Muitos sobreviventes que tentaram "voltar para casa" encontraram vizinhos hostis em sua cidade de origem. Muitas vezes encontravam suas casas ocupadas pelas mesmas pessoas que as haviam denunciado, ou mesmo assassinado seus familiares. Afinal, o antissemitismo não terminou com o final da guerra, chegou a haver *pogroms*

filhos no mundo. Outros se casaram logo após se conhecerem para partilharem sua solidão e criarem um espaço de reconhecimento em suas vidas. Geravam filhos e recriavam uma família como tentativa, por meio de um ato concreto, de compensarem as perdas e apagarem a desumanização vivida e testemunhada.

A formação dessas famílias demonstrou uma diferença entre a recuperação psíquica do homem e da mulher. Durante a guerra, os homens não puderam exercer sua função de provedor e protetor de suas famílias, nem de evitar o destino que lhes coube. Os anos de vida roubados os privaram de qualquer possibilidade de preparação para um mundo que não parou enquanto eles se encontravam no inferno. Quando chegaram ao país de emigração que os acolheu, não falavam a língua, desconheciam a cultura e, na maioria dos casos, não havia condição de exercerem a atividade que exerciam antes da guerra. "Fazer uma vida nova" passou a significar "ganhar a vida", criando homens compulsivos em relação ao trabalho e à segurança material, enquanto o conforto psíquico ficou relegado a um plano inferior. Já as mulheres estabeleceram uma vida reservada ao lar, sendo capazes de manter suas funções tal como vividas antes da guerra. Elas oscilavam entre uma posição queixosa das "faltas" atribuídas ao marido e uma função protetora em relação aos filhos que, ressentidos com a mediação exercida entre eles e o pai, dele ficavam muito distante.

Os filhos invariavelmente recebiam o nome dos falecidos avós, tios, irmãos mortos na guerra. É conhecida a tradição entre os judeus de nomearem seus filhos com o nome dos familiares falecidos, como uma homenagem, o que, evidentemente, não é o mesmo que nomeá-los segundo os desaparecidos nas condições da Schoá. A partir da nomeação do recém-nascido, um paradoxo se instalava. Por um lado, as novas vidas eram recebidas como um milagre e uma benção, símbolo da vitória sobre os nazistas e representação do futuro: uma nova geração de homens e mulheres saudáveis, fortes, felizes e competentes. Mas, por outro lado, traduzia a perpetuação do legado de destruição e perdas, com consequências imprevisíveis.

Questionados, muitos nada sabiam a respeito da pessoa cujo nome lhes fora dado. Outros se sentiram extremamente exigidos ao carregarem o nome do ancestral, junto com uma injunção explícita ou muda, consciente

como o de Kielce na Polônia, onde 42 pessoas foram assassinadas. Portanto, a saída de um mundo desumano não significou paz e acolhimento aos sobreviventes. Cf. Y. Danieli, *The Long Way Home*, Los Angeles: Simon Wiesenthal Center, 1997, p. 57 – 66.

ou inconsciente, de viver a vida do falecido além da sua própria – injunção capaz de desencadear fantasias a respeito de quem deveriam representar para seus pais e, consequentemente, de induzi-los a levar uma vida dupla manifestada sob a forma de atitudes inconsistentes, contrastantes, ou pela escolha de carreiras paralelas, que só adquiriam sentido ao se perceber que correspondiam a pessoas diferentes. Muitos sobreviventes divididos entre fidelidade e ruptura, recusavam o nome que lhes havia sido dado, como tentativa de escapar de sua herança melancólica[22]. Estas atitudes denotam reações contra injunções impostas sem qualquer elaboração[23]. Apagar traços do passado e permitir um futuro, eis a aposta feita. Essa nomeação tem sido considerada um dos motivos pelo qual o processo de luto sem elaboração se prolongou nas gerações seguintes. As referências da filiação, bem como a da transmissão, tomaram desvios complexos e secretos, favorecendo a formação do *fantasma* que passou a assombrar as gerações seguintes[24].

Aos que emigraram para os EUA, foi oferecida uma recepção insensível ao significado daqueles anos sombrios[25]. O ambiente lá encontrado, nada acolhedor, era desrespeitoso e veladamente culpabilizante, pois se acreditava que a possibilidade de sobrevivência correspondia a terem sido exercidos atos imorais ou criminosos. A hostilidade, a indiferença e a atitude de evitar o passado recente por parte do novo ambiente, só contribuíram para que o *silêncio* a respeito da Schoá triunfasse sobre a necessidade de testemunhar e elaborar o luto[26]. Ao choque e à decepção face à impossibilidade de encontrar acolhida para seu testemunho, somou-se a percepção de que nada havia mudado, de que os campos de concentração não acabaram com o fim dos

22 Nicole Lapierre fez uma pesquisa interessante, mostrando a importância deste complexo e frequente processo de troca de nomes na vida dos sujeitos, temática pouco conhecida e considerada tabu, numa reflexão sobre a filiação e a identificação, a partir de pesquisas de narrativas de armênios, judeus e maghrebianos. Cf. *Changer de Nom*, Paris: Stock, 1995.

23 Eva Fogelman, Impact on the Second and Third Generations em J. S. Kestenberg; C. Kahn (eds.), op. cit., p. 82-89.

24 N. Lapierre, op. cit.

25 Isaac Bashevis Singer, num belo romance intitulado *Inimigos Íntimos, uma História de Amor*, descreve o que acabamos de abordar.

26 Semprún e Levi esclarecem que esta rejeição diante do retorno dos judeus e não judeus dos campos de concentração por parte da população também aconteceu na Europa.

Lagers, de que a promessa feita aos que pereceram – testemunhar para que isso nunca mais viesse a acontecer –, não poderia ser cumprida[27].

Zonas de Silêncio

A mensagem recebida da sociedade pelos sobreviventes era a de manter silêncio a respeito de sua história para não corromper a vida dos filhos com o passado e poder criar "americanos normais". Em muitas famílias, ao temor de transmitir defeitos devido ao "mal" introjetado, associou-se o medo de prejudicar a saúde mental dos filhos. Nesses casos, as lacunas e os segredos nas histórias familiares tornavam incompreensível o tormento que reinava na vida cotidiana. As *zonas de silêncio* resultantes ampliaram o mal-estar dentro dos *lares* recém-constituídos, intensificando o isolamento e a desconfiança dos sobreviventes e de seus filhos. A alternativa que restava era o retraimento, que os confinava às relações intrafamiliares. A audiência se resumia aos filhos que passavam a ser depositários de uma história que os adultos preferiam ignorar, esquecer e lembrar a um só tempo.

Apesar da permanente exposição aos traumas parentais, sempre expressos de forma enigmática, a Segunda Geração só teve acesso à história passada *aos pedaços* e captava as vivências dos pais por "osmose"[28]. O desejo persistente de localizar os desaparecidos, particularmente os avós, uniu-os num mesmo fantasma com os pais. Sabiam que os avós haviam morrido, mas, *mesmo assim*... A *recusa* (*Verleugnung*)[29] da realidade com

27 O que desencadeou muitos suicídios após o fim da guerra.

28 Segundo Y. Danieli, The Impact of Holocaust Experience on Families of Survivors Living in the United States, em *The Nazi Concentration Camps: Proceedings of the Fourth Yad Vashem International Historical Conference*, Jerusalem: Yad Vashem, 1980, p. 603-619.

29 Em 1927, no artigo de Freud sobre o fetichismo, a *recusa* (*die Verleugnung*) ganha *status* de conceito. Freud apresentou uma descrição detalhada de um mecanismo que anteriormente não se distinguia claramente dos demais, em especial do recalque. Esse mecanismo se caracterizava por um modo particular do *eu* em se livrar da *percepção* de uma realidade insuportável: interrompe a atividade do pensamento e a livre circulação da significância lá onde uma percepção traumática impede uma ligação de sentido, própria da simbolização, suspendendo a função de julgamento e produzindo, como resultado, necessariamente, uma clivagem do *eu* (*Ichspaltung*).

suas consequências permaneceu uma constante, pois buscar os antepassados desaparecidos era a forma de dar alguma inteligibilidade à própria história, sem o que o enigmático prevalecia.

A situação dos que emigraram para Israel era distinta. Isso porque o grau de isolamento e alienação era menor, pois a recepção era outra[30]. Desde antes da guerra, os judeus em Israel tinham como objetivo a criação de um país diferente daquele que conheceram na Europa e, para isso, abandonaram família e comunidade, rompendo com o passado para criar um novo futuro. Ao chegarem, os sobreviventes dos *Lagers* se tornaram símbolo de tudo aquilo que eles haviam rejeitado e continuaram a rejeitar. A tarefa que tiveram que abraçar, de certa forma era terapêutica, uma vez que o país inteiro estava engajado na mesma construção: um intenso investimento na vida e no futuro. Mas, do ponto de vista intrapsíquico, toda a relação com o passado vivido nos guetos e *Lagers* tinha que ser suprimida, impedindo qualquer forma de elaboração e integração do passado com o presente.

As feridas não cicatrizadas só começaram a ser reveladas a partir do julgamento de Eichman[31], pondo fim à vergonha e ao falso mito de que os prisioneiros nos *Lagers* iam como carneiros para o abate. Em vez disso, surgiu em Israel uma identificação com uma nova imagem: o judeu do levante do gueto de Varsóvia[32], das rebeliões de Treblinka e Auschwitz.

30 Daquela que foi dada aos sobreviventes que foram para os EUA, América do Sul ou àqueles que permaneceram na Europa. Em muitas culturas eles eram chamados de *greeners* e considerados como párias.

31 Alto funcionário nazista responsável pelo transporte dos judeus. Foi capturado na noite de 11 de maio de 1960 em um subúrbio de Buenos Aires e levado para Jerusalém onde foi julgado pela Corte Distrital em 11 de abril de 1961, acusado por crimes contra o povo judeu, contra a humanidade e de guerra. Declarou-se inocente de todas as acusações. Sua captura detonou o primeiro esforço sério da Alemanha de levar a julgamento os assassinos em massa. Daí, na esteira desse processo, muitos nazistas foram encontrados e, pela primeira vez desde o final da guerra, os jornais alemães noticiavam os julgamentos dos criminosos nazistas. Cf. Hanna Arendt, *Eichman in Jerusalem, A Report on the Banality of Evil*, New York: Penguin Books, 1994.

32 Liderado por Mordechai Anielewicz, morto durante o combate aos 23 anos (1919-1943), o Levante do Gueto de Varsóvia teve início em 11 de janeiro de 1943 e terminou 87 dias depois, com a destruição do gueto no dia 19 de abril.

O do "novo Judeu", o *sabra, israeli*, o poderoso, o heroico, sem fraqueza ou pranto, o que não desiste[33].

Mas nem todos conseguiram adotar essa imagem e a duplicidade apresentada às crianças era confusa. Embora amados, os pais eram percebidos como frágeis e depressivos, vítimas de uma história traumática, o que representava uma imagem oposta a tudo que um *Israeli* deveria ser.

A característica das famílias cuja imagem dominante era a de vítima[34], demonstrava um vínculo simbiótico e uma depressão persistente, preocupação, desconfiança e medo do mundo, daí o pânico ser facilmente desencadeado. A preocupação maior era com a sobrevivência física e a prevenção, no caso de acontecer um novo Holocausto.

As somatizações serviam como expressão inconsciente para sentimentos de raiva crônica e de luto não elaborados, por isso intermináveis. A doença física era bem aceita enquanto o mal-estar psíquico ameaçava a necessidade de *negação* dos efeitos dos traumas sofridos, especialmente se prolongados, pois eram considerados a prova da vitória póstuma de Hitler. Daí as perturbações emocionais dos pais ou dos filhos danificarem sua autoimagem narcísica, pois significava que o horror deixara marcas indeléveis nos sobreviventes e em sua descendência. Despojados da garantia de sua integridade psíquica, receavam transmitir as marcas aos seus herdeiros. Qualquer interferência de um membro exterior à família nuclear se constituía em ameaça e era mal recebida; o menor sinal de estabelecimento de fronteiras que denotassem independência ou necessidade de privacidade era condenado como deslealdade, traição e abandono. As ameaças de separação eram imediatamente associadas a perdas imprevisíveis e irreparáveis.

A resultante era uma demanda de vínculos simbióticos e uma expectativa de realização dos objetivos familiares, principalmente pelo filho mais velho, que jamais deveria errar. Erros e acertos significavam vida ou morte, e a exigência de acertar sempre pretendia ser uma reparação dos anos de submissão e impotência vividos. A busca de segurança e de estabilidade como

33 Y. Danieli, The Trauma Afterward, *The Lost Generation Jerusalem Post Magazine,* july 22, 1997, p. 344-352.

34 Para melhor compreender as famílias de sobreviventes pesquisadas, Danieli as classificou em quatro grupos, de acordo com observações realizadas a respeito da atmosfera afetiva dos lares no pós-guerra, e os padrões de comportamento que regulavam as relações interpessoais dentro e fora da família, formadores da autoimagem da criança: famílias "vítimas", "lutadoras", "anestesiadas", e "as que o fizeram".

valor a adquirir contrastava com o sentimento de inadequação partilhado entre pais e filhos no novo lar encontrado em terra estranha. Devido a isso, a Segunda Geração se tornou mediadora entre os pais e o mundo real, invertendo-se as posições na dinâmica familiar e criando mutualidade no que diz respeito à superproteção.

Em seu romance *Ver: Amor*, David Grossman relata a comovente visão de um menino de oito anos, Omiko, nascido em Israel após a guerra que, perplexo diante das incoerências e enigmas observados em sua família, investigava, qual detetive, o "mundo de lá" habitado pela "besta nazista", na tentativa de compreender. É impossível deixar de reconhecer que os efeitos de um trauma desse porte não cessam em quem os sofreu.

Transmissão do Trauma

Longe de suas origens, os sobreviventes tentaram integrar-se em meios culturais dos quais muitas vezes nada conheciam, nem mesmo a língua, tentando apagar e silenciar o horror que a memória teimava em reproduzir – única forma de seguir vivo. Porém, o efeito de um trauma é longo e duradouro e fatos novos ou mudanças significativas podem desencadear o retorno do traumático de uma forma tão mortífera quanto os acontecimentos que o geraram[35].

Após a libertação, era impossível avaliar o acontecido. Absorvidos na reconstrução de suas vidas, adotaram uma atitude de duplicação que consistia em "saber e não saber", "lembrar e não lembrar", tentando se proteger do desespero intrínseco às lembranças. Intensificava-se, assim, a solidão e o desconhecimento de si na busca de "um novo começo". Muitos conseguiram, mas as consequências não deixaram de se apresentar mais adiante. Talvez pela impossibilidade de esquecer ou de manter a recusa por toda a vida é que, tempos depois, a incidência de suicídios aumentou e um paradoxo se estabeleceu. A exigência de "nunca esquecer, e de lembrar para testemunhar", para que o horror jamais se repetisse, criou um conflito, que se desdobrou nos significados de "esquecer para poder viver ou viver para poder lembrar"[36].

35 Mesmo anos após a Schoá, quando uma mudança significativa na vida se operava, os efeitos dos traumas reapareciam com igual intensidade.

36 "Enquanto o suicídio raramente ocorria no período imediatamente após a Schoá, os números cresceram nos anos de 1960, quando os sobreviventes envelheceram e sua capacidade de lidar com o trauma diminuiu".

A experiência traumática não elaborada foi transmitida através dos processos de identificação, introjeção e incorporação, dependendo do modo como os sobreviventes puderam lidar com suas perdas, tornando possível ou não um trabalho de luto. A decisão de saber *se* ou *o que* transmitir surgia sempre imersa em angústia. Para algumas mães, as recordações da degradação e humilhação vividas eram como veneno em suas veias, que temiam pudesse contaminar seus filhos. Daí silenciarem o passado, carregando-o como vergonha secreta, ou então expressarem uma injunção paradoxal: "não te esqueças, lembra-te sempre". Ao mesmo tempo em que desejavam que os filhos soubessem, compreendessem, partilhassem a perda e o sofrimento, queriam protegê-los do horror que os atingiria caso viessem a ter qualquer contato com ele. Como lembrar o que era proibido saber?

Portanto, as memórias da Schoá foram transmitidas à Segunda Geração sublinhando o impacto traumático sobre a maternagem. As narrativas revelavam e dissimulavam as lembranças, concentravam a *denegação*, as alterações e deformações dos acontecimentos, daí seu caráter desorientado, fragmentado e contraditório. A consequência era o *luto patológico* (Freud) ou a *doença do luto* (Abraham & Torok), com seus desdobramentos e efeitos na transmissão.

Cumpre esclarecer que como nas situações em que o sobrevivente de um trauma, individual ou coletivo, não é auxiliado em sua necessidade de elaborar o acontecimento catastrófico, a Segunda Geração foi obrigada a carregar as feridas e as cicatrizes remanescentes, que passam a se perpetuar pelas gerações seguintes. Mas, às vezes, os filhos são capazes de superar as experiências de seus pais atingindo uma maior integração psicológica através de sua recuperação. Talvez, a partir do desenvolvimento da capacidade criadora, ou da maternidade, seja possível certa modalidade de cura e resolução do passado, permitindo o esquecimento necessário à abertura de novas perspectivas para as próximas gerações, livre da repetição dos traumas e lutos relativos às gerações que os precederam. Caso contrário, o que as pesquisas na clínica psicanalítica com crianças têm demonstrado é a presença persistente dos fatores traumatogênicos nos sintomas de sujeitos da Terceira Geração[37].

Pamela Ballinger, The Culture of Survivors: Post--Traumatic Stress Disorder and Traumatic Memory, *History and Memory*, v. 10, n. 1, 1998, p. 116-118.

37 Terez Virag, Children of the Holocaust and Their Children's Children: Working Through Current Trauma in the Psychotherapeutic Process, em *Dynamic Psychotherapy*, v. 2, n. 1, 1984, p. 47-60. Terez Virag, psicanalista de origem húngara, filha de sobrevivente,

Até que ponto podemos esperar que os sobreviventes sejam capazes de curar suas feridas? Devido à perturbação da capacidade de verbalização dos afetos, inerente à experiência traumática, sua integração psíquica depende de processos que ultrapassam o simples conhecimento dos fatos através da memória de um acontecimento traumático. Somente a *integração* das recordações traumáticas permite a aquisição de um conhecimento que possibilita a reparação da cadeia histórica familiar e cultural interrompida. Para tanto, é fundamental elaborar (*durcharbeiten)* o trauma e viver o luto. Sem essa operação, a recusa (*Verleugnung*) da realidade e a clivagem (*Spaltung)* constituída com a finalidade de proteger o *eu*, tendem a se aprofundar. Mas, uma vez efetivada a *elaboração* e o luto, a Segunda Geração passa a ter uma chance de ser bem sucedida em dominar, assimilar e transformar as lembranças traumáticas herdadas, impedindo que a experiência catastrófica se repita, se atualize e se perpetue como tragédia viva a ser transmitida de forma traumática de geração em geração.

E é esse, sem dúvida, o ponto nodal da temática que aqui abordamos.

Freud nos ensinou que a herança opera como estrutura de transmissão. O universo familiar se constitui como lugar privilegiado do trabalho de identificação do sujeito com a história cultural de seus antepassados, indicador do lugar de inscrição de cada novo ser, cuja condição de existência é o legado do patrimônio parental, contido no conjunto de representações que os pais forjam a respeito do que deve ser a vida dos filhos. É nesse duplo movimento identificatório que o filho é incluído na cadeia geracional da história familiar, momento de atualização das gerações passadas, tornando frequente a retomada de desejos conscientes e inconscientes de gerações anteriores (avós, bisavós). Situado dentro de um contexto intergeracional, o sujeito carrega os *projetos identificatórios*, pendentes de outras gerações, apresentando sempre contradições e lacunas inerentes à dupla injunção característica da trama edipiana: "Deves ser como... Não podes ser como...".

Sabemos que o contato da Segunda Geração com a história passada dos pais e avós com frequência foi estabelecido através da informação dada por terceiros, na escola, ou através dos meios de comunicação, às vezes apenas após a morte de um deles. Assim sendo, sugerimos que as *zonas de silêncio* que se instalaram nas famílias de sobreviventes, e que configuraram

dedicou a pesquisa de sua tese à memória de sua mãe, que fora deportada para Ravensbrück no dia 9 de novembro de 1944. Virag é membro da Associação Internacional de Psicanálise e vive em Budapeste.

um segredo familiar[38], modelaram a estrutura psíquica da Segunda Geração. Seja por temor de reabrir feridas com as quais seria impossível conviver, seja porque para viver era preciso esquecer, ou ainda devido ao medo de contaminar a vida psíquica da prole com os horrores de que os humanos foram capazes, o vivido precisava ser evitado a qualquer custo.

Eis porque as consequências do contato da Segunda Geração com o conhecimento da história familiar não poderiam de forma alguma deixar de ser complexas. Primeiro, porque toda a realidade silenciada se constituiu como segredo e, por se tratar de uma realidade traumática sem resolução, a tendência é ser repetida compulsivamente, como tentativa de dominá-la *a posteriori*. Como já vimos, o contato com o vivido pelos pais e avós podia chegar à consciência das crianças exclusivamente pela via de atitudes enigmáticas dos pais, ou a partir de uma revelação que somente poderia se realizar sob forte impacto emocional. Consequentemente, sugerimos que a transmissão de uma memória traumática à geração seguinte é sempre acompanhada pela mesma dinâmica e tonalidade afetiva que caracteriza a formação do traumático.

O esforço de metaforização interrompido pelo impacto do traumático, devastador do aparelho psíquico, manteve os sobreviventes encostados no limite do dizível, lugar de embate constante entre o impulso de dizer e a impossibilidade de encontrar uma palavra capaz de *conter* o fluxo do afeto. O que de mais sombrio e silencioso permaneceu na experiência de todo aquele que se defrontou com a ameaça de aniquilamento subjetivo, tentando encontrar uma rede de significações no vazio do abismo que subjaz à vivência traumática de uma catástrofe equivalente à Schoá, não poderia, por definição, deixar de se constituir como *trauma* para as gerações seguintes.

Sustentamos esta conclusão na escrita freudiana acompanhada pela teorização sobre a *cripta* e o *fantasma*, figuras integrantes da *metapsicologia do segredo* de Abraham e Torok. Quando um segredo é mantido em decorrência de uma impossibilidade de nomear o vivido e inviabiliza a elaboração e a integração à cadeia significante, produz-se a construção de uma *cripta* lá onde um *trabalho de luto* deveria ter lugar. Neste caso, a transmissão inconsciente de um *fantasma* para a geração seguinte se constitui como tentativa de resolução para a dor gerada pelo trauma, que não pôde ser encontrada pelo sobrevivente nem durante sua vida, nem em sua geração.

38 Ver Vincent de Gaulejac, *L'Histoire en héritage*: *Roman familial et trajectoire sociale*, Paris: Desclée de Bouver, 1999.

A partir de então, o enigma terá que se resolver no funcionamento psíquico de um outro que nunca viveu a experiência concretamente, mas foi encarregado, sem o saber, de preencher a lacuna deixada pelo trauma na vida dos pais ou avós. Desta forma, a Segunda Geração (quando não a terceira) passa a ser encarregada de enterrar os mortos que o sobrevivente só pôde guardar na *cripta*, realizar o trabalho de resgate da memória e cumprir o processo de luto.

Para Concluir

Segundo Sergio Paulo Rouanet[39], o homem freudiano é pulsional, daí ter vivido sempre, onto e filogeneticamente, num ciclo de repetições infinito, correspondente ao eterno retorno do mesmo. O modelo primitivo da formação do clã fraterno, após ter sido introduzido o parricídio, logo igualmente percebido como tirânico, se desfez para dar origem a um novo poder, modelo repetido inúmeras vezes. A história freudiana da cultura pode, então, ser contada como uma série de repetições caracterizada pela alternância entre autoridade e rebelião, em um cenário constituído pela série crime-reparação-crime.

A tarefa da psicanálise no plano do indivíduo, dentro de certos limites, poderia interromper o ciclo de repetições, libertando o sujeito das vivências devastadoras do trauma através do trabalho de integração à cadeia simbólica de associações. No plano coletivo, embora consciente de que a barbárie caminhava ao lado dos avanços da civilização, acreditou-se sempre que a ciência pudesse emancipar o homem dos automatismos e repetições de modelos arcaicos, substituindo-os pela consciência dos esforços e renúncias necessários à preservação da cultura[40]. Vislumbrar o perigo de que o ciclo da repetição, condição estrutural da pulsionalidade do homem freudiano, possa levar à destruição tudo aquilo que a humanidade pensava haver construído, a cada vez, de forma duradoura e trazer de volta a barbárie que se acreditava já suplantada, se alterna com a crença na possibilidade do novo que, inerente à pulsionalidade, é capaz de conduzir o homem à criação de soluções que trilhem caminhos geradores de condições que garantam a paz.

39 *Édipo e o Anjo: Itinerários Freudianos em Walter Benjamin*, Rio de Janeiro: Tempo Brasileiro, 1990.

40 Idem, ibidem.

Nesse paradoxo é que nos equilibramos todos.

Chegando ao final desta etapa, mas não da tarefa, é tranquilizador contar com o otimismo lúcido, diríamos, da utopia (mas quem não precisa delas?) de Hanna Arendt quando, face a tudo que conhecera – o antissemitismo, o imperialismo, o totalitarismo – nas formas as mais brutalizantes para o ser humano, apelou para o resgate da dignidade humana com valores políticos renovados e poderes limitados, extensivos a toda a humanidade. Para que seu apelo não permaneça congelado no tempo, é preciso aceitar a herança que nos cabe a todos, "sem querer apenas reter o que é bom [...] e rejeitar o que é mau concebendo-o tão simplesmente como um peso morto que o tempo levará ao esquecimento"[41]. Esta já era a realidade em 1950, quando Arendt denunciou como ilusórias as tentativas de escapar à desesperança que reinava naquele presente. Nem a nostalgia de um passado intacto nem a perspectiva de um futuro idealizado serviu para que os limites ultrapassados na "era de catástrofes" fossem reconhecidos. Era preciso elaborar e, como afirmou Primo Levi, entender que, enquanto subsistir a concepção de que "cada estrangeiro é um inimigo, a história dos campos de extermínio segue tendo consequências, o que deveria ser compreendido por todos como um sinal de perigo"[42].

Negar a memória do horror, recusar a realidade traumática contida na Schoá não leva ao esquecimento, pelo contrário. Traz de volta a cultura do terror e abre um buraco preenchido pela angústia avassaladora, despertada pelos fatos reveladores do fracasso da marca civilizadora. A espoliação do homem pelo próximo, constituída por novas roupagens da escravidão na contemporaneidade, é sua expressão mais atual. Além da dor causada pelas patologias decorrentes, a compulsão à repetição, associada ao traumático, fornece subsídios à reprodução da cultura da violência, quer por sua gênese sintomática, quer pela resignação e conformismo com a cultura por parte de coletividades sem esperança. Se, de acordo com Arendt, nosso passado se reflete na imagem da perda da dignidade humana, na percepção da natureza radical do mal exposta de forma paradigmática na Schoá, o nosso presente é o futuro daquele tempo que ela antecipou em meio século.

Recordemos que desde 1915, tempo em que a disseminação do horror e do sofrimento interrompera o desenvolvimento das relações éticas entre os homens, Freud enfatizava que a história do mundo revelava uma

41 Nádia Souki, *Hannah Arendt e a Banalidade do Mal*, Belo Horizonte: Editora UFMG, 1999.

42 *É Isto um Homem?*, p. 7.

sequência repetida de assassinatos dos povos, vislumbrando um futuro sombrio para a humanidade nas marcas deixadas pela selvageria da guerra. Apesar de constatar que a presença da barbárie ao lado dos progressos culturais era uma eventualidade incontornável da transitoriedade inerente ao viver humano, reafirmou sua crença de que tudo que os homens pudessem fazer para favorecer o incremento de Eros, em termos do estreitamento dos vínculos emocionais, atuaria contra a guerra e criaria condições para a instauração da paz.

Quando hoje cada vez mais *diferença* e *estrangeiro* são associados à *ameaça* e ao *mal*, quando mais uma vez nos encontramos diante de políticas imperialistas, guerras fratricidas, fundamentalismos religiosos, enfim, toda sorte de xenofobias e exclusões sociais, em todos os cantos do mundo, com consequências devastadoras, acreditamos que a pesquisa psicanalítica das sequelas do trauma e seus efeitos na transmissão intergeracional tem instrumentos a oferecer como contribuição para os processos de elaboração do trauma, essenciais à preservação do sujeito e da cultura.

Uma vez ressaltada a responsabilidade do homem pelas renúncias necessárias à formação de laços sociais que cultivem a tolerância à alteridade, o fundador da psicanálise legou aos futuros psicanalistas uma obrigação ética: lembrar ao mundo que, se a guerra é uma realidade ininterrupta na história da humanidade, mesmo reconhecendo a inutilidade de se tentar eliminar totalmente os impulsos agressivos do homem, é preciso tentar desviá-los de fins destrutivos. Pelo menos, que seja realizado o esforço ético de drenar a vocação do homem para satisfazer no outro a agressão, humilhá-lo, infligir-lhe dores, martirizá-lo e assassiná-lo. Entre esses esforços, a tarefa de manter viva a *memória* dos horrores que o homem tem praticado certamente é imprescindível.

As zonas de silêncio, que afastam as gerações e impedem a elaboração dos efeitos traumáticos de catástrofes coletivas e o luto pelas perdas sofridas, transcendem suas vítimas diretas, tanto no terreno da vida privada quanto das instituições culturais. Elas silenciam uma passagem da história do homem a toda a humanidade, história que fez, conforme a sabedoria de Primo Levi, "o homem ter vergonha de ser homem".

5.

A Guerra dos Fundamentalismos

Sergio Paulo Rouanet

Em meados do século XIX um famoso jornalista francês, François Buloz, editor da *Revue des deux mondes*, rejeitou um artigo de caráter religioso alegando que "Deus não era um assunto de atualidade". Isso era verdade em sua época. Mas como jornalista competente, Buloz faria hoje exatamente o contrário: recusaria qualquer artigo de caráter antirreligioso, porque foi o ateísmo que deixou de ser assunto de atualidade. A leitura dos jornais mostra que a religião está mais viva que nunca, não somente em suas formas "civilizadas" como em sua variante mais maligna: a fundamentalista.

Sabe-se que esse termo nasceu nos Estados Unidos, a partir de uma série de fascículos publicados entre 1909 e 1915, em que pastores de várias seitas relacionaram os *fundamentals* da fé cristã, os pontos fundamentais dos quais nenhuma das Igrejas podia desviar-se, o principal dos quais era a interpretação literal da *Bíblia*. Foi só muito mais tarde que o termo foi aplicado a outros grupos religiosos, como os muçulmanos e os judeus.

Os três fundamentalismos monoteístas têm vários traços em comum. Todos eles pregam uma volta às origens. Os crentes devem respeitar literalmente os preceitos dos textos sagrados – *Corão*, *Torá*, *Velho e Novo Testamento*. Os costumes devem ser reformados à luz da respectiva lei – a *shar'ia,* para os muçulmanos, a *halacha,* para os judeus, e a moral puritana, para os cristãos. Apagam-se as fronteiras entre a esfera privada e a pública. O ideal do estado leigo entra em eclipse e renasce a visão teocrática do mundo.

E o que é mais grave: os três fundamentalismos são violentos, ou comportam correntes que advogam e praticam a violência.

O fundamentalismo islâmico recobre uma multiplicidade de tendências. Entre elas, há uma orientação radical, que recorre à violência para atingir seus fins. O fundamentalismo radical operou, a princípio, num quadro nacional. Foi o caso de movimentos como o Al Jihad, baseado no Egito, responsável pelo assassinato de Sadat, e o GIA, da Argélia, perpetrador de chacinas abomináveis. Mas com o tempo, o fundamentalismo radical passou a atuar num quadro internacional. O exemplo mais espetacular é o Al Qaeda, dirigido por Osama bin Laden, que inspirou os atentados de 11 de setembro. Bin Laden quer fundar um califado pan-islâmico, tem em seus quadros, entre outros, egípcios, jordanianos, iemenitas e sauditas, e instalou pontos de apoio em quase cinquenta países. A luta nacional palestina, no início dirigida por líderes seculares, adquiriu características fanaticamente religiosas. Tanto a Hamas, que atua nos territórios palestinos, quanto a Hisbollah, com base no Líbano, são facções fundamentalistas islâmicas. Os jovens suicidas que se imolam em atentados bárbaros são todos "mártires", que terão como recompensa o paraíso prometido aos que morreram numa guerra santa.

O fundamentalismo judaico é representado entre outros por grupos ultraortodoxos que consideram sacrílega qualquer cessão de território aos árabes e que não recuam diante da luta armada, inclusive o assassinato, para atingir seus fins. Muitos se filiam aos ensinamentos do rabino Kook, que atuou na Palestina antes do advento do Estado de Israel, e do rabino Meir Kahane, fundador de uma ideologia messiânica extremamente violenta, para quem o Messias só poderia advir no bojo de uma grande vitória militar dos judeus. Essas ideias influenciaram terroristas como o dr. Baruch Goldstein, que em 1994 massacrou dezenas de palestinos no túmulo dos Patriarcas, em Hebron, e Yigal Amir, que em 1995 assassinou o primeiro-ministro Yitzak Rabin, para puni-lo por ter assinado o Acordo de Oslo.

Entre os fundamentalistas cristãos, muitos advogam e praticam a luta armada. Os alvos principais dos seus ataques são as clínicas de aborto e os bares de homossexuais, masculinos e femininos. Em 1994, o reverendo Paul Hill matou um médico e seu colaborador quando estavam a caminho de uma clínica de aborto na Flórida. Hill justificou sua ação com uma citação dos Salmos: "Não temerás nem o terror noturno nem a seta que voa durante o dia". Em 1995, o edifício federal da cidade de Oklahoma foi explodido por Timothy McVeigh, afiliado a um movimento religioso, Christian Identity, de caráter abertamente antissemita. Em 1996, outro ativista, contrário ao aborto e ao homossexualismo, Eric Robert Rudolph, lançou uma bomba durante as olimpíadas de Atlanta. A razão é que os atletas que carregavam a tocha olímpica fizeram um desvio para não passarem por um condado que tinha condenado a sodomia, o que Rudolph interpretou como uma atitude pró-gay. Em geral, esses fundamentalistas são contra as restrições à venda de armas, por estarem convencidos de que os verdadeiros cristãos precisam ter o direito de defender-se contra o governo, que para eles transformou-se em instrumento de uma conspiração satânica para implantar o reino do anticristo.

Em muitos casos, as posições fundamentalistas se transformaram em políticas governamentais, o que está dentro da lógica do fundamentalismo, que não aceita a separação entre a Igreja e o Estado. Podemos falar assim de fundamentalismo de Estado.

Esse fundamentalismo está muito presente no mundo islâmico. Assim, não havia distinção entre o governo afegão e a ideologia religiosa dos Talibãs. Apesar de seus vínculos com os Estados Unidos, o governo saudita é um bastião da ortodoxia. A política da Autoridade Palestina foi sendo cada vez mais influenciada pelos extremistas religiosos. E desde a origem, o Irã dos aiatolás foi uma teocracia.

O fundamentalismo de Estado está igualmente presente em Israel. Sharon é, em grande parte, refém dos partidos ortodoxos, sem os quais não poderia governar, e grande parte da indignação com que os colonos receberam a decisão governamental de evacuar a faixa de Gaza vem do fato de que no passado fora o próprio Sharon que os tinha encorajado a instalar-se naquele território.

Enfim, o fundamentalismo de Estado parece ter chegado à sua plenitude nos Estados Unidos. Tem-se a impressão de que depois do atentado contra as Torres Gêmeas os extremistas religiosos chegaram ao poder. O presidente da maior potência da terra disse que o conflito que se aproximava seria uma guerra monumental do bem contra o mal, e que Deus, cujo direito à neutralidade o presidente contestou, estava do lado dos americanos. O Pentágono não fez por menos: batizou a operação antiterrorista de Justiça Infinita, termo de origem claramente bíblica. Talvez houvesse o dedo dos fundamentalistas até no superpatriotismo com que a nação inteira reagiu à crise, porque, para eles, amar Deus e amar a América são dois lados da mesma moeda. Em todos esses casos, a violência de Estado pôs-se a serviço da violência religiosa.

Os três fundamentalismos têm em comum o tradicionalismo em questões morais e uma posição retrógrada quanto ao estatuto da mulher.

São puritanos e misóginos. Mas esse tradicionalismo não implica uma rejeição em massa da modernidade.

Assim, todos eles aceitam a modernidade técnico-econômica. Muitos fundamentalistas islâmicos têm formação universitária, conhecem a fundo todos os segredos do capitalismo financeiro (têm conta na Suíça e jogam na bolsa) e manejam a tecnologia militar mais moderna. Um conhecido físico muçulmano escreveu um livro provando a existência dos *djinns* o que não o impediu de ser o "pai" da bomba atômica paquistanesa. Alguns fundamentalistas judeus acham que certos rituais somente serão válidos se forem usados bezerros vermelhos, como prescreve a *Torá*, e usam todas as sofisticações da genética moderna para produzirem esses animais. Os pregadores fundamentalistas cristãos dominam todas as técnicas da comunicação de massa, falam em estádios gigantescos e alcançam audiências inimagináveis através do rádio e da televisão.

Em compensação, todos dão as costas à modernidade política, cujas características de pluralismo e de respeito aos direitos humanos são incompatíveis com a estrutura autoritária do fundamentalismo. E todos repudiam a modernidade cultural, caracterizada pela dessacralização, pelo advento da visão secular do mundo.

Quais as causas do fundamentalismo? Em geral, essa pergunta é respondida invocando-se fatores objetivos, entre os quais podemos distinguir fatores conjunturais e estruturais.

O principal fator conjuntural é a guerra no Oriente Médio. A guerra estimula a fuga para posições irracionais, quando todas as vias racionais parecem estar bloqueadas. É um processo circular, em que o fanatismo nos dois campos frustra a paz e a ausência total de perspectivas para uma paz durável exacerba as paixões religiosas.

Mas há também fatores estruturais, alguns dos quais são específicos, valendo somente para algumas sociedades, e outros são genéricos, aplicáveis a todas as variantes do fundamentalismo. Entre os específicos, podemos apontar os que se aplicam, por exemplo, ao fundamentalismo islâmico e ao fundamentalismo "pentecostal" brasileiro, como a anomia resultante do processo de industrialização, a dissolução dos vínculos tradicionais de solidariedade, a discriminação étnica, a marginalidade social e a perda de prestígio do marxismo enquanto religião leiga. Entre os fatores genéricos, válidos para todas as modalidades de fundamentalismo, estão a dificuldade de inserção na economia, numa fase em que o capitalismo tem características fortemente excludentes, e a desorientação diante do desaparecimento dos valores tradicionais, em consequência do processo de globalização.

Mas creio que além dessa explicação "objetivista" podem ser arrolados também fatores subjetivos, ligados à estrutura psíquica do homem. No primeiro caso convocamos a história, a sociologia, a política, a economia; agora, chamamos à cena a psicanálise. O que pode ela dizer-nos sobre a violência religiosa em geral e sobre a violência fundamentalista em particular?

Freud ensinou-nos que toda religião tem uma relação ambígua com a violência. Por um lado, a religião pode contribuir para domar os impulsos agressivos do homem, e por outro pode desencadear a violência.

Do primeiro ponto de vista, a religião é um freio contra a violência. Sob esse aspecto, ela deve ser vista como ilusão necessária. É uma ilusão, porque não está a serviço do princípio da realidade, e sim a serviço do desejo, que induz o homem a criar um pai suprassensível que o proteja contra os pavores da morte, os perigos da natureza e os riscos da vida em sociedade. Mas é uma ilusão necessária, porque sem ela o homem não aceitaria os sacrifícios exigidos pela civilização. A consequência seria o desencadeamento dos seus impulsos agressivos, em explosões de violência que acabariam por destruir a civilização. Freud acrescenta que muitas vezes tal violência seria plenamente compreensível, pois numa sociedade em que a riqueza e o poder estejam desigualmente distribuídos, os sacrifícios pulsionais impostos à maioria oprimida não se destinam a manter a civilização como tal, e sim uma sociedade injusta. Desse ponto de vista, Freud não está longe de Marx, para quem a religião é um ópio do povo.

Por outro lado, a religião pode ser uma fonte de violência, na medida em que estimula a intolerância contra seitas rivais. Em sua *Psicologia Coletiva e Análise do Ego*[1], Freud examinou os laços de solidariedade que surgem em certos grupos, em que cada indivíduo se liga por vínculos libidinais com o chefe a todos os outros indivíduos que compõem o grupo. O homem perde sua individualidade, mergulhando no coletivo. Abre mão de sua inteligência, deixando-se guiar por imagens mobilizadoras, e não por ideias. Introjeta, na pessoa do líder, uma parte, cindida, do seu Eu – o ideal do Eu, herdeiro da fase narcisista. Com isso, o líder se torna imune às críticas, porque é a soma de todas as perfeições que o Eu narcisista encontrava em si mesmo. É exatamente o que acontece nas igrejas. O chefe (Cristo, ou seus representantes) assume o papel de um pai que ama igualmente todos os seus filhos, e os crentes ligam-se uns aos outros por vínculos eróticos dessexualizados. Reduz-se o narcisismo individual e criam-se

1 *Massen – Psychologie und Ich-Analyse*, em *Gesammelte Werke*, Frankfurt am Main: S. Fischer, 1921, v. XIII.

nexos de fraternidade. Nesse momento, a violência intra-grupal tende a desaparecer. Surge um "Nós" parcialmente pacífico, gerado pelo amálgama de vários "Eus", sob o comando de um Eros comunitário.

Mas o preço desse processo é a violência conduzida contra outras comunidades religiosas. Tânatos foi banido do grupo, mas reaparece em toda sua destrutividade na relação com outras religiões. Como diz Freud (1921), "mesmo uma religião do amor deve ser severa e tratar sem amor os não adeptos. No fundo, toda religião é uma religião de amor para os que a praticam, e cada uma está pronta a mostrar-se cruel e intolerante para os que não a reconhecem" [2].

A história confirma o pessimismo de Freud. Ao contrário do paganismo, em geral tolerante com os deuses estrangeiros, a "religião de amor" a que se referia Freud, o cristianismo, foi responsável por atos horripilantes de violência. As vítimas foram, durante a Idade Média, os cátaros, quase inteiramente extintos em consequência da campanha contra os albigenses, e os hereges em geral, que pagavam com a morte nas fogueiras da Inquisição o crime de sustentarem opiniões políticas heterodoxas. As cruzadas foram exemplos apavorantes de violência praticada em nome da religião: gritando *Dieu le veult,* os guerreiros de Cristo ensanguentaram a Terra Santa. No período moderno, as vítimas foram os protestantes massacrados pelos católicos, e vice-versa, ou os protestantes perseguidos na França, e os católicos perseguidos na Inglaterra. Além disso, as vítimas da intolerância eram elas próprias intolerantes. Calvet foi executado em Genebra, por ordem de Calvino. Os puritanos ingleses, vítimas da intolerância anglicana, foram ser intolerantes na América, queimando bruxas em Salem e exterminando a população indígena com o mesmo zelo sagrado com que os hebreus bíblicos tinham exterminado os primeiros habitantes de Canaã.

Mas com o tempo as paixões religiosas foram represadas. Pelo Edito de Nantes, Henrique IV autorizou o culto protestante, desde que não fosse posto em questão o estatuto do catolicismo como religião de Estado. Na Inglaterra, a *glorious revolution* de 1688 permitiu o funcionamento de todas as igrejas protestantes dissidentes, e mais tarde da própria Igreja Católica. Concomitantemente com essas decisões políticas, difundiam-se livros defendendo a tolerância no plano conceitual, como a *Carta sobre a Tolerância*, de Locke, e o *Tratado sobre a Tolerância*, de Voltaire. Apesar de alguns retrocessos, como a revogação do Edito de Nantes por Luís XIV, e embora a Inquisição continuasse atuando durante muito tempo nos países

2 Idem, p. 107.

ibéricos, pode-se dizer que de modo geral a violência praticada em nome da religião foi se tornando cada vez mais rara. É que o processo de secularização fez com que a religião fosse sendo deslocada para a esfera do foro íntimo, perdendo com isso sua virulência destrutiva, enquanto a ascensão do Estado liberal criou uma instância neutra capaz de assegurar a coexistência pacífica das várias denominações.

Tudo isso inspirou em Freud um otimismo provisório, quando disse, em *Psicologia Coletiva e Análise do Ego*, que a intolerância religiosa "não mais atinge a violência e a crueldade que a caracterizavam no passado"[3], o que se deve "ao enfraquecimento incontestável dos sentimentos religiosos e dos nexos libidinais que daí decorrem"[4]. Mas pouco depois, em *Novas Conferências Introdutórias*, ele se corrigiria: "A luta do espírito científico contra a concepção religiosa do mundo ainda não chegou a seu fim; ela ainda se trava diante dos nossos olhos"[5].

Por isso, Freud não teria se surpreendido com a sobrevivência da religião em nossos dias. Mas certamente se surpreenderia com a extensão que ela adquiriu hoje e com o furor homicida que a caracteriza. Pois não se trata mais da sobrevida de um fenômeno residual condenado ao desaparecimento próximo, e sim do advento de uma patologia qualitativamente nova. Teria Freud se contentado, nessas circunstâncias, com os conceitos que ele usara antes para explicar a religião em geral – compensação imaginária pelo sentimento de desamparo do homem, culpabilidade filogenética resultante de um deicídio pré-histórico, neurose obsessiva coletiva da humanidade etc.?

Tendo em vista o efeito traumático de atos de violência como os praticados em Nova York, em Madri, em Beslan e em Londres, todos de caráter direta ou indiretamente religioso, talvez ele se sentisse tentado a abordar a guinada fundamentalista da religião a partir de outro ângulo: a teoria do trauma.

A psicanálise tem lidado com o trauma desde que o método catártico foi aplicado por Freud e Breuer para induzir a ab-reação de uma experiência traumática. Mas o aspecto da teoria freudiana do trauma, que parece mais relevante hoje, é a que destaca o efeito traumático de atos externos de violência. A partir da propensão dos soldados afetados por traumatismos de guerra a voltarem sempre em seus sonhos e pensamentos à situação

3 Idem, ibidem.

4 Idem, p. 108.

5 *Neue Folge der Verlesungen zur Einführung in die Psychoanalyse*, em *Gesammelte Werke*, 1932, v. xv, p. 182.

traumática original, Freud foi levado a postular, em *Além do Princípio do Prazer*[6], a existência de uma compulsão de repetição, aparentemente alheia aos automatismos da realização de desejo. Introduziu na mesma ocasião a ideia da pulsão da morte, que ilustrava exemplarmente a compulsão repetitiva, na medida em que todo ser vivo aspira a regredir ao estado anorgânico original. A neurose de guerra dos veteranos de 1914-1918 seria um caso especial da neurose traumática, na qual o aparecimento dos sintomas resulta de uma situação em que o sujeito se sentiu em risco de vida.

São exatamente dessa natureza os traumatismos provocados nos sobreviventes das agressões terroristas e nos espectadores que as testemunham. Como essas agressões estão ficando cada vez mais frequentes, alguns psicanalistas poderiam arriscar a hipótese de que a neurose traumática venha a ser a neurose do século XXI, como a histeria o foi do século XIX. Se isso se confirmasse, o papel clínico da psicanálise poderia tornar-se especialmente importante, porque ela substituiria com vantagem as técnicas farmacológicas e behavioristas com que a psiquiatria americana está tratando as vítimas do *Post-Traumatic Stress Disturbance,* entidade clínica inventada pelo *Diagnostic and Statistical Manual of Mental Disorders* (DSM IV) para tirar do caminho "velharias" como neurose de guerra e neurose traumática.

Mas pergunto-me se a teoria do trauma não pode levar-nos além da mera clínica, numa direção mais especulativa. A hipótese é que certas ações violentas de nossa época, além de gerarem traumas *individuais*, constituem reações diferidas a traumas *coletivos* vividos pelo homem quando ele transitou para a modernidade.

Mas podemos falar em traumas coletivos? E por que a modernidade?

A resposta à primeira pergunta está no último grande livro em que Freud debateu o tema do trauma, *Moisés e o Monoteísmo*[7]. Nesse livro, Freud faz uma audaciosa passagem da patologia individual para a social, referindo-se à existência de um trauma coletivo da humanidade. Antes de fazer o que ele chama sua "analogia", recapitula alguns elementos da teoria do trauma. Assim, recorda o fenômeno da latência, intervalo mais ou menos longo entre o momento em que se produziu o trauma e o momento em que aparecem os sintomas. Lembra também que podem existir duas fixações (*Bindungen*) ao trauma, uma positiva, durante a qual o sujeito volta continuamente à situação traumática original, e outra negativa, durante a qual ele não quer saber das

6 *Jenseits der Lustprinzips,* em *Gesammelte Werke,* v. XIII, 1920.

7 *Der Mann Moses und die Monotheistische Religion, Gesammelte Werke,* v. XVI, 1938.

impressões antigas, dos traumas esquecidos, e tenta evitar tudo o que possa revivê-los. Vem em seguida a analogia. Freud sugere que a humanidade havia experimentado um trauma original – a culpa resultante do assassinato do pai primitivo; que ela passara por uma latência, durante a qual esse episódio fora esquecido; que o parricídio fora repetido pelo povo judeu, que assassinara Moisés e sofrera o trauma correspondente; que durante sua própria latência os judeus se esqueceram dos ensinamentos transmitidos por Moisés, principalmente os relativos ao monoteísmo, que Moisés trouxera ao Egito; que com o tempo essas memórias foram sendo recuperadas, embora no modo deformado que caracteriza as reminiscências pós-traumáticas do indivíduo; e que uma heresia judaica, o cristianismo, na formulação que lhe foi dada por um judeu helenizado de Tarso, Paulo, representou uma tentativa de aliviar o povo judaico da culpa resultante do assassinato do pai, oferecendo um filho – o filho de Deus – como vítima expiatória.

A segunda pergunta só pode ser respondida depois que precisarmos o conceito de modernidade.

Para Max Weber, a modernidade é o desfecho de processos de transformação socioeconômica que se deram na Europa a partir do século XVII, tornando-se subsequentemente universais em sua influência. Esses processos implicaram na ruptura com relações sociais arcaicas e principalmente na racionalização e secularização crescentes do mundo, levando à substituição gradativa da religião pela ciência. Foi o que Weber chamou de *Entzauberung*, desencantamento, ou dessacralização.

Essa descrição esconde, em sua secura, o extraordinário sofrimento que a modernização impôs a grupos humanos ainda imersos em relações feudais e adeptos de uma visão religiosa do mundo. Se quisermos ter uma ideia desse sofrimento temos que abandonar a sociologia acadêmica e reler uma das mais conhecidas passagens do *Manifesto Comunista*. Segundo Marx, a modernidade burguesa

> destruiu todas as relações feudais, patriarcais, idílicas. Ela rompeu os vínculos feudais que ligavam o homem a seus superiores naturais, e não deixou nenhum outro nexo entre os homens a não ser o interesse nu, o pagamento à vista. Ela afogou na água gelada do cálculo egoísta o zelo sagrado dos devotos, o entusiasmo cavalheiresco, a melancolia dos pequenos burgueses... Em lugar da exploração envolta em ilusões religiosas e políticas, ela colocou a exploração aberta, despudorada, direta, brutal. Ela tirou seu halo de todas as atividades que até agora tinham sido contempladas com temor reverencial...

> Todas as relações fixas, oxidadas, com sua sequela de ideias e concepções tradicionais, são dissolvidas, e todas as que se formam novamente envelhecem antes que se ossifiquem. Tudo o que é estamental, tudo o que é sólido, se evapora, tudo o que é sagrado é profanado[8].

Assim, Marx antecipa a principal característica da modernização, na descrição de Weber: o processo de dessacralização, pelo qual a razão toma o lugar antes ocupado pela fé, pondo o "cálculo gelado" em lugar das "ilusões religiosas". Mas diferentemente de Weber, Marx não evita os julgamentos de valor, e é sensível ao sofrimento acarretado pela profanação do sagrado.

Se acrescentarmos à perspectiva marxista e à weberiana uma perspectiva psicanalítica, creio que estaríamos justificados em substituir a palavra "sofrimento" por um termo mais técnico: trauma. Diríamos então que a modernidade infligiu a milhões de seres humanos um trauma profundo ao arrancá-los de suas culturas tradicionais, impondo-lhes uma secularização forçada.

Enquanto homem do Iluminismo, Freud não podia deixar de aprovar o processo de dessacralização, pois foi o recuo do universo mítico-religioso que permitiu o advento da visão científica do mundo e o aparecimento de sua própria ciência, a psicanálise. Sabemos como Freud valorizava a ciência, chegando ao ponto de divinizá-la, à semelhança de Hérault de Séchelles durante a Revolução Francesa: "nosso deus Logos". E sabemos que para ele a ciência se opunha à religião, que ele designa como "ilusão", utilizando a mesma terminologia de Marx: ilusão religiosa. O papel histórico da razão moderna era o de triunfar do obscurantismo religioso. Ao mesmo tempo, Freud sabia que essa tarefa não era fácil, porque a ciência privava o homem dos consolos do irracional. A religião, pelo contrário, liberava o homem da difícil tarefa do pensamento, ao proporcionar explicações pré-fabricadas para todos os fatos, e ao desobrigá-lo de submeter essas explicações ao controle da experiência. Além disso, a religião é uma forma fantasmática de proteger o indivíduo dos perigos da natureza, da implacabilidade da morte, dos sofrimentos impostos pela vida social. Ela minora o infortúnio terrestre e promete no paraíso uma beatitude compensatória. Daí o choque produzido pela modernidade, que confrontava o homem com um mundo secularizado: um trauma. Foi um trauma sobredeterminado, na medida em que o pai primitivo foi o protótipo de Deus, esse mesmo Deus que estava morrendo uma segunda vez.

8 Karl Marx; Friedrich Engels, *Manifesto do Partido Comunista*, São Paulo: Martin Claret, 2006, p. 48.

Vimos que na neurose individual coexistem uma fixação positiva ao trauma, pela qual a situação traumática é rememorada e trabalhada, e a fixação negativa, que foge da lembrança da situação traumática. O mesmo, *mutatis mutandis*, ocorre na neurose traumática coletiva.

Por um lado, há uma fixação positiva ao trauma. Ocorre uma reatualização permanente dos episódios de violência durante os quais a religião foi agredida pelo choque traumático. Os atos de violência são vividos pelos fundamentalistas como episódios de uma guerra permanente entre o bem e o mal. Quando Osama bin Laden proclamou seu primeiro *fatwa* contra os americanos, em fevereiro de 1998, disse que "os Estados Unidos tinham declarado guerra a Deus, a Seu Mensageiro e aos Muçulmanos". Os partidários do ativista Baruch Goldstein, autor do massacre de Hebron, afirmaram que o ataque era legítimo, porque todos os judeus estavam em guerra contra todos os árabes. Uma brochura publicada pelo movimento Identidade Cristã, para o qual os que hoje se fazem passar por judeus não são mais os judeus bíblicos, e sim impostores a serviço de Satã, contém a seguinte frase: "Acreditamos que há uma batalha sendó travada hoje entre os filhos da Treva, hoje conhecidos como judeus, e os filhos da Luz, a raça ariana, o verdadeiro Israel da *Bíblia*". A frase de Bush sobre a guerra entre o eixo do Bem e o eixo do Mal faz todo sentido no contexto desse fundamentalismo bíblico. São formas fantasmáticas de recordar o trauma original da perda de Deus, equivalentes aos sonhos pelos quais as vítimas dos traumas individuais, situando-se "além do princípio do prazer", retornam todas as noites à situação traumática primitiva.

E, por outro lado, há uma fixação negativa, sob a forma da regressão a um passado intacto em que a religião reinava sem partilha e a autoridade das Escrituras não era contestada. É a fantasia islâmica da volta a um mundo regido pela *Charia,* a fantasia judaica da volta a um Israel bíblico, e a fantasia cristã da volta à moralidade dos pais fundadores.

Em suma, tudo se passa como se a reação ao trauma provocado pelo secularismo moderno estivesse pressionando o homem em duas direções. Por um lado, impulsionado pela compulsão de repetição, a serviço da pulsão da morte, o homem revive a situação primitiva de violência, vendo-se como protagonista de uma luta cósmica entre o bem e o mal, transfiguração alegórica do conflito que no passado produziu o trauma. Como no passado, ele se vê encurralado por forças desmedidas, que ameaçam as hostes do bem do mesmo modo que antes. Por outro lado, impulsionado pelo princípio do prazer, o homem cria utopias retrospectivas, imagens de um paraíso perdido, governado pela lei divina, em que a Terra era o centro do universo, o homem era o rei da criação e a consciência controlava a vida mental.

Creio, em suma, que há boas razões para ver em certos movimentos violentos de nossa época uma reação ao trauma da secularização, produzido pela modernidade. O trauma pode ser recente, como no caso dos países islâmicos que foram afetados pelas pressões modernizadoras há no máximo uma ou duas gerações, ou mais antigo, como no caso da Europa ou dos Estados Unidos, mas em todos os casos esses movimentos visam uma só coisa, a ressacralização, como acontece com os dois extremismos que atualmente incendeiam o Oriente Médio e com o governo teocrático hoje instalado na Casa Branca.

Resta responder a uma última pergunta: por que esses movimentos estão se dando agora? Em termos freudianos, os sintomas patológicos surgem depois de finda a latência, muitas vezes em consequência de um acontecimento que tenha uma relação associativa com o fato traumático. Em nosso caso, creio que os acontecimentos "deflagradores" foram o fim da Guerra Fria, que, levando à derrota a grande religião leiga do século XX, o marxismo, reativou a memória da derrota anterior sofrida pelas religiões tradicionais, e a globalização, que com sua tendência a destruir todas as especificidades, reativou a memória da hecatombe cultural produzida pela secularização moderna.

Juntando agora as duas perspectivas, a objetivista, segundo a qual o fundamentalismo deriva de fatores externos, e a subjetivista, segundo a qual ele deriva de fatores internos, podemos entender a funcionalidade sociológica e psíquica desse tipo de pensamento.

Sua funcionalidade sociológica vem de sua capacidade de recriar nexos de solidariedade grupal e de fazer da religião uma força política e uma trincheira de resistência cultural capaz de enfrentar as pressões niveladoras induzidas pelo processo de globalização. Sua funcionalidade psíquica, além da oferecida por qualquer tipo de religião, segundo Freud – compensação imaginária pelos sofrimentos terrestres, esperança numa vida futura que possa anular as humilhações deste mundo – está no fato de que o fundamentalismo permite, também, lidar positiva e negativamente com os efeitos traumáticos da modernidade, seja transformando a experiência traumática no episódio de uma guerra cósmica entre o bem e o mal, da qual os derrotados de ontem acabarão por sair vencedores, seja recriando um passado mítico em que não existiam as tensões e incertezas do mundo contemporâneo.

Em si, o retorno do sagrado nada tem de sinistro. Mesmo filósofos perfeitamente racionais, como Habermas, acham que a volta da religião num mundo pós-secular pode afinar nossa sensibilidade para conteúdos semânticos da tradição que se perderam quando foram transpostos em linguagem profana.

Mas não há como aceitar a variante fundamentalista da religião. O fundamentalismo impede o homem de pensar por si mesmo, desativa sua razão e simplifica realidades complexas. Esse tríplice *deficit* corresponde exatamente ao perfil dos alucinados que se despedaçam e despedaçam pessoas inocentes, que querem provocar conflagrações apocalípticas para acelerar a segunda vinda de Cristo, e que declaram guerra ao mundo para assegurar a vitória do eixo do Bem.

A guerra a ser declarada é outra: é uma guerra contra a guerra dos fundamentalismos. É uma guerra pacífica, que nada tem a ver com a odiosa invasão do Iraque decidida pelo fanático religioso que se instalou na Casa Branca. É preciso agir contra os fatores objetivos responsáveis pelo fundamentalismo, desde os conjunturais, através de uma pressão multilateral efetiva que permita resolver conflitos como o do Oriente Médio, até os estruturais, por meio de medidas capazes de corrigir as assimetrias nacionais e internacionais de riqueza e de poder. E é preciso agir sobre os fatores subjetivos, através de uma educação leiga para todos, que possa neutralizar os efeitos negativos da tradição religiosa. Nessa tarefa, é preciso mobilizar sempre que necessário o saber psicanalítico, na tentativa de eliminar as raízes psíquicas da intolerância, entre as quais a mais obscena de todas, o antissemitismo. Podemos dizer, como Brecht, que a cadela que pariu o antissemitismo está novamente no cio? Infelizmente, ouvindo certos pronunciamentos feitos por pessoas que se acreditam de esquerda, temos a impressão de que o parto já ocorreu e de que os filhotes infernais, *pit bulls* de um novo Holocausto, já deram início à sua temporada de caça. Nunca é demais dizer que todo antissemitismo é fascista, como são fascistas o antiarabismo indiscriminado e o antiamericanismo sistemático.

Esse programa é tão ambicioso que quase se confunde com uma política mundial para a eliminação da tirania, da ignorância e do preconceito. Mas se é verdade, como disse Marx a propósito da religião em geral, que o "fanatismo religioso é o suspiro da criatura oprimida e a emoção de um mundo sem coração"[9], talvez este programa seja o preço a pagar para que o fundamentalismo se torne supérfluo.

9 Contribution to the Critique of Hegel's Philosophy of Law (Marx-Engels on Religion), Moscou: Progress Publishers, 1976, p. 39.

6.

Depois de Tudo, a Psicanálise

Fabio Landa

Talvez não seja um exagero de ironia encarar a tentativa deste texto como uma imitação grotesca de um vidente tentando ver o futuro na borra do café. De alguma forma, este texto tem algo de patético ao tentar ler alguma coisa revolvendo as cinzas do passado, porém, não nos resta outra alternativa. Se quisermos algum discurso que pretenda alguma seriedade e substância, não podemos não tomar as referências incontornáveis de nossa herança trágica do século XX com suas montanhas de cinzas: Auschwitz-Birkenau, Hiroshima e Nagasaki. Para lermos a história, hoje não basta ler as ruínas, é imprescindível revolver minuciosamente as cinzas, montanhas de cinzas.

Primo Levi sempre foi extremamente reticente a respeito dos testemunhos e colocava sistematicamente um senão às suas próprias palavras e tentativas de contar. Seu argumento, dito e redito inúmeras vezes: os que ainda têm voz para testemunhar são aqueles que não tocaram o fundo e ninguém pode falar pelos que passaram diretamente do trem para o naufrágio. Mesmo aqueles que estiveram ao lado do derradeiro passo e que sobreviveram, ao testemunhar não escapavam das reticências de Primo Levi. Parece que, segundo ele, a única palavra escrita ou falada com autoridade para ser dita e ouvida seria uma mensagem do mundo dos mortos; os que se foram falando e escrevendo de lá para os vivos.

Conhecemos a extensa bibliografia dessa palavra literária; para recordar o período exterminador, a carta da mãe, aprisionada no gueto, ao filho, nas páginas de Vassili Grossman[1]. Podemos entrever o sorriso entre bondoso e silencioso de Primo Levi; delicada, mas seguramente, ele nos faria perceber que ainda não é isso.

Talvez, mas nunca saberemos, algumas anotações que comentaremos a seguir fizessem Primo Levi hesitar, refletir ou aceitar.

Zalman Gradowski, este autor peculiar, do qual examinaremos a seguir alguns trechos, nos chama a atenção pelas condições especiais em que efetuou sua escritura, a particularidade de seu estilo, a expectativa que tem por seu escrito e a exigência dirigida ao seu leitor.

Gradowski escreveu ao lado dos fornos crematórios de Auschwitz enquanto "trabalhava" como *Sonderkommando* – este grupo inventado pelos exterminadores nazistas, constituído de judeus cujas mãos retiravam os recém-gazeados para encaminhá-los alguns metros acima e queimá-los nos crematórios adjacentes. E foi entre estas cinzas que ele calculou que seus escritos poderiam ser guardados e posteriormente encontrados para percorrer o caminho até os olhos de seu leitor. Tendo claro que faria parte, no dia em que cessassem os "transportes", dos náufragos, ele escreveu, dia após dia, na presença da morte e do desaparecimento vertiginoso do seu mundo, na espera do seu próprio certeiro desaparecimento.

A interpretação de Jacques Derrida do sacrifício de Isaac faz-nos atentar para alguns detalhes determinantes da tragédia anunciada. Segundo Derrida, D'us dirige-se a Abraão e exige dele um segredo absoluto, uma solidão total – ele não deve falar ou se aconselhar com ninguém, sobretudo com Sara. É de completa e exclusiva responsabilidade de Abraão discernir que aquela voz não é fruto de loucura, que se dirige a ele e que merece confiança absoluta. Abraão está na contingência de dizer um sim, sem qualquer prova ou evidência, apenas o sim antes de qualquer outro procedimento, talvez o sim original antes de qualquer cálculo ou mesmo antes do advento da possibilidade de duvidar ou encontrar a brecha para escapulir. Abraão não pode nem mesmo se dar o tempo de negociar seu amor por Isaac; a mensagem é clara, ele deve entregar Isaac no auge da vigência do seu amor por seu filho. Auge do amor e auge da perda, auge da dor. A separação atroz de dois entes que se amam na vigência da plena vitalidade do amor. A separação de um organismo vivo na plenitude de sua vida, a separação pai-filho. O segredo é de rigor e Derrida interroga como o narrador ficou a par do pacto para poder transmitir o episódio e fazê-lo

1 La Dernière lettre, *Vie et Destin* [1980], Paris: L'Âge d'Homme, 2000, p. 9-40.

chegar até nós, já que apenas dois sabiam – D'us e Abraão. Cabe a Derrida apontar o momento em que literatura e testemunho ainda e talvez nunca se separam[2].

Gradowski – manipulado de todas as manipulações para que os nazistas pudessem atestar sua capacidade infinita de contaminação, a prova para eles de que nada, nem ninguém, poderia resistir à corrupção gerada por eles, até poderem dizer que afinal foram os assassinados os agentes do próprio assassinato[3] – tratou literária e testimonialmente de ser infiel ao segredo nazista, viveu (como todos, até onde sabemos, nas mesmas condições) para contar, para não guardar o segredo da nova religião e dos novos deuses. Ele, Gradowski, que, cortado do organismo vitalmente ativo de suas relações, começa a introdução de seu texto dizendo do corte hemorrágico de sua mãe, pai, irmão, irmã, mulher e cunhado recém-assassinados a poucos metros de onde estava sendo tatuado dos números da nova identidade concentracionária, enquanto quase que concomitantemente sua família desaparecia nas labaredas e a fumaça da chaminé que exalava o odor dos queimados chegava até suas narinas. Suas últimas páginas relatam a separação do corpo vivo do grupo de *Sonderkommando* após uma derradeira "seleção" em que, como sempre, metade do grupo foi para a esquerda e a outra para a direita.

Emmanuel Lévinas, em seu comentário sobre o livro de Zvi Kolitz, *Yossel Rakover Dirige-se a Deus*[4], diz: "Acabamos de ler um texto belo e verdadeiro, tão verdadeiro quanto só a ficção pode sê-lo"[5]. Sabemos da história rocambolesca deste texto, principalmente o fato de o autor por anos não poder se fazer acreditar, tão arraigado o fato de este texto ter sido desde sua publicação um relato vivido. Porém, Zvi Kolitz jamais pôs os pés no gueto de Varsóvia do qual nos faz viver os últimos dias e intenta um processo contra D'us – o que Lévinas nos assinala ser uma postura de adulto, daquele que pode revoltar-se, que não pede explicações nem espera ajuda, mas interroga o velamento da face de D'us.

2 Anotações pessoais a partir do seminário do ano letivo 1997-1998 de Jacques Derrida na École de Hautes Études em Sciences Sociales – Paris.

3 Ideia introduzida e desenvolvida por Primo Levi. Para ele, a corrupção e a crueldade dos nazistas nunca eram excessivas, mas sempre premeditadas e calculadas. Ver *Os Afogados e os Sobreviventes*, Rio de Janeiro: Paz e Terra, 1990.

4 Trad. Fabio e Eva Landa, São Paulo: Perspectiva, 2003.

5 Cf. Amar mais a Torá que Deus, em Z. Kolitz, op.cit., p. 73.

Ao texto de Gradowski não se pode atribuir nem a beleza nem a veracidade da ficção. Porém, devemos reconhecer o texto de um autor e de uma pretensão literária. A referência ao trágico está estabelecida desde sua introdução:

> Vem comigo, cidadão do mundo, tu, que habitas o país onde existem ainda felicidade, alegria, prazer, e eu te contarei como os modernos criminosos ignóbeis transformaram a felicidade de um povo em infelicidade, mudaram sua alegria em tristeza eterna, destruíram para sempre seu prazer de viver[6].

Pressentimos a presença do autor tão amado de Primo Levi, Dante. E, um pouco adiante, anunciando e já se precavendo do negacionismo:

> Certamente, tu pensarás que a grande exterminação sofrida por nosso povo foi uma consequência da guerra. Certamente, tu acreditarás que a liquidação do povo europeu [de] Israel deveu-se a uma espécie de cataclismo natural. A terra teria aberto sua boca e sob o efeito de uma espécie de força divina escondida, [os judeus] teriam sido reunidos de todas as partes e engolidos pelo abismo[7].

O que ele tem para nos mostrar não é ficção. Ele pretende nos pegar pela mão, mostrar, mostrar e mostrar – como alguém que conta incessantemente um sonho do qual não pode desfazer-se e do qual não se consegue uma tradução satisfatória – uma alucinação que não consegue provar sua realidade, um delírio que mesmo teimosamente explicado não chega a explicar convincentemente a totalidade do mundo, com a pequena diferença que ele está num território de natureza diferente de tudo o que se pode exprimir pelos artefatos e artimanhas da mente. O que ele pede para vermos é algo que ocorreu de verdade.

Se pensamos que ele nos seduz ou que, por um artifício retórico, tenta nos atrair, nos enganamos; se quisermos, mesmo que não tenhamos tido o cuidado de perguntar o que quer nosso interlocutor, que deseja ele de nós, Gradowski responde e anuncia a horripilância, não para torná-la

6 Les Rouleaux d'Auschwitz, *Revue d'Histoire de la Shoah*, Paris, n. 171, p. 22.

7 Idem, p. 23.

bela e palatável, mas como uma advertência, que fique claro que, se dermos o próximo passo, a responsabilidade é do leitor:

> Diz adeus a teus amigos e conhecidos porque após teres visto os horríveis atos sádicos do povo-diabo dito civilizado com certeza quererás apagar teu nome da família humana. Arrepender-te-ás do dia do teu nascimento.
> Diz adeus a tua mulher e filho, que se não voltares do teu percurso será porque teu coração de homem terá sido fraco para suportar a pressão dos atos bárbaros da besta fera que teu olho terá vislumbrado. [...] Não te assustes quando, no meio da noite glacial encontrares uma massa de judeus expulsos de suas tumbas e impelidos a caminhos de errância desconhecidos. Que teu coração não se sobressalte diante do choro das crianças, dos gritos das mulheres e dos gemidos dos velhos e doentes, porque escutarás ainda sons mais horríveis e verás coisas mais atrozes ainda[8].

A mensagem do autor ao seu leitor é mais do que uma advertência ou ameaça; mais do que a exigência de abandonar pai e mãe e trilhar o caminho do adulto solitário, trilha que escolheu ou foi compelido a percorrer. Aqui se trata de advertir mulher e filho, não se trata de preparar a si mesmo para a morte do outro, mas de preparar o outro para a própria morte, a inevitável transformação de si no percurso a ser feito, metamorfose que implica o desaparecimento de um si-mesmo conhecido por si e pelo outro, uma transformação tal, que a pertinência à família dita humana está interrogada, o humano e a humanidade de cada um estão postos em risco e a resposta é o desaparecimento puro e simples de tudo o que se conhece até então, um golpe fatal e definitivo em qualquer possibilidade de imunidade.

A queda das últimas barreiras imunitárias contra a afetação ou a autoafetação implica o apagamento da fronteira tranquilizadora, quase hipnótica, tida como natural ou evidente, entre humanidade e animalidade. No comentário de Gradowski, quase premissa de pensamento ou postulado filosófico, os lugares e o comércio entre humanidade e animalidade ganham uma redefinição:

8 Idem, p. 24.

> Diga-lhes que se teu coração torna-se pedra, teu cérebro se transforma em frio mecanismo de pensar e teu olho um simples aparelho fotográfico, mesmo assim não voltarás para eles. Que eles te procurem nas florestas virgens, porque fugirás do mundo onde vive o homem. Preferirás encontrar reconforto entre as feras mais selvagens e mais ferozes antes de encontrar tal reconforto entre os diabos civilizados, porque mesmo a fera selvagem, graças à civilização, foi amansada, suas garras foram amolecidas e ela perdeu muito de sua crueldade. Mas se passa o contrário com o homem, quando ele tornou-se fera selvagem. Mais ele cultivou-se, mais ele é cruel; mais ele se civilizou, mais ele é bárbaro; mais avançado em seu desenvolvimento, mais horríveis seus atos[9].

O texto de Gradowski, ainda que tenha um caráter acusatório, aponta para uma estupefação que ele se esforça por partilhar e forçar seu leitor a encontrar um registro de recepção do que está escrito além do fenômeno; aponta para um julgamento do humano e uma constatação de uma metamorfose surpreendente do homem e da fera. Aponta para algo inquietante, para algo que Gradowski deixa entrever, mas que aparece insistentemente em Primo Levi ou em Jean Améry, até a desconcertante formulação de Derrida, num de seus seminários e retomado em um de seus escritos tardios: "é possível pensar algo pior que Auschwitz, se isso é possível? Talvez, um Auschwitz que não termine"[10]. Talvez seja um dos abalos mais persistentes que uma leitura paciente dos escritos de Gradowski causa: talvez seja a história do homem, tal como o homem se conta sua história, a sua autobiografia, que esteja sendo interrogada. É possível falar e pensar a partir de Auschwitz? Hoje, existiria uma possibilidade de discurso que não passasse por Auschwitz?

Aharon Appelfeld diz, escutemos por um momento:

> Foi na Itália, após a guerra, que eu escutei falar do pequeno cercado chamado "Keffer".
> [...] Certas abominações estavam além das palavras e permaneciam sombrios segredos. Por exemplo, o cercado "Keffer". Cada vez que alguém pronunciava esta palavra, imediatamente era silenciado por algum outro. "Se não testemunharmos, quem o fará?". De qualquer maneira, não crerão em nós.

9 Idem, p. 25.

10 *O Animal que Logo Sou*, trad. Fabio e Eva Landa, São Paulo: Editora da Unesp, 2002, p. 52.

Uma noite, escutei da boca de um refugiado do campo de Kaltchund algumas precisões sobre o cercado [...] Ele ignorava aparentemente a interdição, decretada pelos refugiados, a qualquer menção desse horror [...] Ele teimosamente começou a contar: "O cercado 'Keffer' era uma parte indissociável do campo de Kaltchund, e de certos locais podia-se observá-lo integralmente. Era o cercado dos cães-lobos utilizados para montar guarda, para a caça e principalmente para as caças ao homem. Estes cães eram trazidos da Alemanha, treinados e eram cuidados pelos guardas e oficiais. À noite, eles saíam do cercado e podia-se observar então como eram grandes e orgulhosos e como eles pareciam mais a lobos do que a cães.
Kaltchund era um campo de trabalho metalúrgico onde se fabricava munições. Apenas os homens fortes eram levados para lá e apesar das condições difíceis era possível suportar um ano, até mais. Se mulheres faziam parte do comboio, elas eram batidas e remetidas de onde tinham vindo. Uma vez, algumas mulheres velhas foram levadas e imediatamente executadas. Um dia, chegou um comboio no qual encontravam-se algumas crianças pequenas. O comandante do campo ordenou que fossem desvestidas e levadas para o cercado. As crianças foram devoradas imediatamente, aparentemente, porque não escutamos gritos. E isso tornou-se um hábito. Cada vez que chegavam ao campo crianças (e chegavam algumas cada mês), elas eram desnudadas e levadas para o cercado. Um dia, passou-se algo espantoso: os cães devoraram suas vítimas com exceção de duas e mais ainda – as crianças estavam de pé e os acariciavam. Os cães pareciam contentes e os guardiões também. A partir de então, os guardiões criaram o hábito de jogar pedaços de carne aos cães e pedaços de pão e queijo às crianças. O comandante fazia seus convidados visitar o cercado. Mas o cercado, afinal, não era um lugar seguro. Os cães-lobos são cães-lobos. Se os cães são deixados com fome, eles não conhecem a piedade. Mesmo as crianças que estavam no cercado há várias semanas foram devoradas. Se não houvesse o cercado, o campo de Kaltchund poderia ser considerado suportável, mas o cercado fazia desse campo de trabalho um campo de morte. Em Kaltchund, as pessoas não eram executadas, mas a visão das crianças conduzidas para esta morte era também nossa derrota. Nada de excepcional que os suicídios fossem frequentes[11].

11 *Histoire d'une vie*, trad. Valérie Zenatti, Paris: Olivier, 1999, p. 89 e s.

Retornemos a Gradowski e observemos como seu relato ecoa com o de Appelfeld:

> Um vento de tempestade atinge seus corpos nus. Eles tremem de medo e de frio, choram, gritam, lamentam-se, jogam olhares perdidos por todos os lados, porém não podem parar um segundo. Cães ferozes ladram e se jogam sobre eles, mordem e dilaceram suas carnes. Um cão com dentes afiados arranca um bebê do colo de sua mãe e o arrasta pela terra. Escutam-se gritos e pedidos de socorro que cortam os céus. Mães esmurram as próprias cabeças. Uma espécie de jogo diabólico com as mulheres nuas, homens e crianças se desenvolve aqui nesta terra infernal e todo o jogo é dirigido pelos cães, conduzidos e excitados pelos homens em uniforme militar[12].

Do relato de Appelfeld e de Gradowski, depois de acompanharmos todas as advertências longas e repetitivas de ambos, depois de toda a cautela que se depreende de suas palavras, entrevemos algo do que quer ser mostrado com tanta precaução e devemos reconhecer como não inútil, pois somos compelidos a passar um ato notarial, uma atestação de existência de um ser ao qual temos dificuldade de conferir credibilidade, pois os sentidos se recusam, as palavras também. Gradowski e Appelfeld tentam nos fazer ver uma nova figura, híbrida. Depois de fundidas, suas partes já não podem mais ser dissociadas – a figura do homem-cão-lobo ou cão-lobo-homem ou cão-homem-lobo. Uma nova figura da escala zoológica, não da literatura de ficção e de horror como o lobisomem e semelhantes, mas uma figura real, histórica, com data e local de nascimento, filho de pai e mãe conhecidos e orgulhosos, a figura do homem-cão-lobo ou cão-homem-lobo. Não é tampouco a máxima do homem lobo do homem. É o cão-homem que come uma criança do homem, ou melhor, da mulher, de verdade.

Em tal lugar, Auschwitz, em tal data, ano de 1939, 1940 etc., nasceu da medicina e da jurisprudência nazistas, para orgulho de seus tios e primos, avôs e avós, filósofos, escritores e jornalistas, a figura do homem-cão-lobo ou lobo-cão-homem. Quimera que veio para estabelecer-se e constituir família

12 *Au coeur de l'enfer*, edição dirigida e apresentada por Philippe Mesnard e Carlo Saletti, trad. Batia Baum, Paris: Kimé, 2001, p. 141.

e descendentes fiéis e orgulhosos de sua linhagem. Atestado de nascimento de uma linhagem sem perspectiva de atestado de óbito.

Que língua fala esta nova criatura? Lobês ou língua do homem-cão--lobo? Língua do lobo-homem-cão em cachorrês?

Karl Kraus começa seu monumental *Dritte Walpurgischacht* (A Terceira Noite de Walpurgis), no segundo semestre de 1933, por uma frase que exprime a paralisia do pensamento da maneira mais crua e poética: "Mir fällt zu Hitler nichts ein" (me falta qualquer ideia sobre Hitler). Apenas e a custo, duzentas páginas depois, ele diz poder ter tido algumas ideias sobre Hitler. Este livro de Kraus é sobre a língua e sobre uma língua nascente, da qual ele tem a convicção do seu poder de destruição das coisas e da própria língua. Seu tradutor francês, Pierre Deshusses, escreve:

> Esta concentração sobre a língua não é um jogo gratuito de virtuose mas o meio escolhido por Kraus para subtraí-la da dominação nazista e confrontar-se com os que a manipulam para perverter e falsificar o pensamento [...] No momento em que Kraus começa seu livro, toda a língua ainda não está contaminada [...] e é a confrontação de uma língua arquiteturada com uma língua desarticulada, de uma língua sadia com uma língua doente que constitui o corpo deste texto. A língua é para Kraus o lugar de justiça. Não é por acaso que os alvos preferidos das críticas de Kraus são os profissionais da manipulação da palavra – principais responsáveis da difusão de uma realidade deformada: os intelectuais[13].

Se a língua é um lugar de justiça, aceitemos o assinalamento de Pierre Deshusses, para nosso propósito neste texto: qual o crime que temos de julgar?

Walter Benjamin, em um ensaio sobre Karl Kraus, diz:

> [Karl Kraus] perscruta nas madrugadas, nas construções linguísticas dos jornais e por trás da fachada rígida da fraseologia, ele espia o interior, descobrindo nas orgias da "magia negra" o estupro, o martírio das palavras [...][14].

13 *Troisième nuit de Walpurgis*, trad. Pierre Deshusses, introdução de Jacques Bouveresse, Paris: Agone, 2005, p. 19.

14 Karl Kraus, em K. Kraus, *Cette grande époque*, trad. Eliane Kaufholz-Messmer, Paris: Payot, 2000, p. 33.

Parece que desse estupro das palavras nasce esta figura quimérica que surpreendemos, esta figura inquietante do homem-cão-lobo. Para esta figura, todo discurso, qualquer discurso e, sobretudo, o discurso psicanalítico que imantou este pequeno texto, tem de se voltar e referir-se, se quiser dizer outra coisa que uma fraseologia de fachada, e não permanecer o estuprador da língua.

7.

Facticidade

Eduardo Vidal

Escrever é tantas vezes lembrar-se do que nunca existiu.

CLARICE LISPECTOR[1]

A convocatória desta reunião em torno da questão da memória suscita diversas reflexões, mas, sobretudo, solicita um posicionamento. Reconhecemos na memória um ponto crucial do humano, já que a existência do homem, desde os primórdios, se verifica através das marcas que deixou. Não é suficiente viver. "Viver não é preciso". Escrever, sim, pois a escrita consiste na insistência de uma marca que aparece sempre deslocada e na permanência de certos rastros do que foi perdido desde sempre.

Escrever traços sobre a pedra, desenhar figuras nas paredes da caverna e, também, realizar a sua leitura, decifrá-las: eis, aí, a marca da passagem do homem. A escrita se diferencia do sinal; não é suficiente que a marca se inscreva e logo seja apagada, já que, sobre o que foi elidido, o sujeito deve realizar um novo traçado que comemore a ausência. A escrita implica a reescrita; a memória é inseparável da temporalidade da marca: não linear, descontínua, furada, se escreve sempre depois, no movimento de retroação em que o material do significante se modifica, se articula, se reordena de um modo inédito. Com a reescrita faz-se o contorno do objeto na sua dimensão de perda. Escrever, então, supõe o deslocamento do significante e, concomitantemente, uma intervenção sobre o gozo.

Abordar a memória implica poder prescindir da crença nos fatos empíricos tomados como a garantia de uma realidade que aconteceu. A noção de memória exige ir além de uma concepção que a toma como

1 *Para não Esquecer*, Rio de Janeiro: Rocco, 1999, p. 24.

uma função autônoma de um ego psicológico capacitado para discernir as contradições e os tempos dos acontecimentos. A memória deve ser articulada no discurso em que o sujeito, mais do que um agente, é o efeito da escrita, sua cifra; subvertendo a gramática pode-se dizer: "escrever-*te* a perda". A memória comporta a dimensão ética de transmitir a perda. É o grito de Antígona desafiando a lei da *Polis* representada por Creonte. O irmão insepulto é inadmissível: o gesto o exclui da dimensão da linguagem, o rejeita colocando-o fora da condição humana. A morte exige ser marcada pelo símbolo, ratificando a inscrição primeira que fez surgir o sujeito quando recebeu, no seu nascimento, o nome com que foi inserido numa linhagem de parentesco. O irmão morto espera pela escrita de sua ausência. O nome na sepultura, que preserva o enigma de uma história, é a exigência do simbólico que faz, dos restos, homem.

Na história recente da Argentina, as que foram denominadas Madres de Plaza de Mayo começaram, no desespero pela desaparição de seus filhos, um movimento espontâneo em torno do monólito dessa praça que simboliza a liberdade, demandando o retorno com vida de seus seres queridos. O tempo e as circunstâncias impostas pela ditadura mostraram que essas vidas tinham sido arrancadas, mas não os nomes e os destinos que deviam ser escritos. O movimento continua com "Abuelas" e "Hijos" no indeclinável dever ético de escrever a perda real no marco da memória. A inscrição do nome próprio é o único elemento que sanciona o fato de que alguém tenha realmente existido. A memória não consiste somente em manter a lembrança viva da perda; a memória faz passar o que foi perdido à lembrança, para perdê-lo de novo, no trabalho de um luto que concerne ao sujeito na sua dor mais íntima. Escrever é sempre depois; o texto da memória vem depois de reconhecer que não existe mais.

Escreve Marguerite Duras:

> Nunca se conhece a história antes de que seja escrita. Antes de que tenha sofrido a desaparição das circunstâncias que fizeram que o autor a tivesse escrito. E, sobretudo, antes de que tenha sofrido no livro a mutilação de seu passado, de seu corpo, de teu rosto, de tua voz, antes de que se torne irremediável, que tome um caráter fatal, quero dizer também: que no livro tenha se tornado exterior, transportada longe, separada do autor e, para a eternidade por vir, perdida dele[2].

2 *Yann Andréa Steiner*, Paris: Gallimard-Folio, 1992, p. 18.

A escrita, com Duras, se faz suporte da perda numa peculiar temporalidade. Que a história se escreva supõe que o tempo das circunstâncias tenha passado. Há uma separação de tempo entre a escrita e o acontecimento: a escrita produz essa distância, trazendo a marca da mutilação que afeta os corpos no seu sofrimento e no seu gozo. Estão irremediavelmente perdidos o gozo do corpo, a imagem do rosto, a voz. A escrita modula a perda daquele que engaja nela a *tua* voz. E, nesse instante, a escrita leva para longe, para fora de si, perdendo-se do próprio autor, alhures. Escrever pede o consentimento de perder de novo, de admitir perder para o Outro. Desse modo, escrever afasta-se do *eu*, da dor de ser para se tornar, enfim, do Outro. A escrita encontra seu caráter fatal que não é outro senão a irremediável perda que põe em ato. A escrita é o trabalho de um luto como transelaboração: a perda é passível de se transcrever, se escrever franqueando um limite para produzir, de novo, o lugar vazio de uma falta. Constatação do que há de irredutível, mas também de inacessível em cada imagem, em cada lembrança revisitada. Reconhecimento de que a falta que constituímos para o outro não será recuperada. Escrever é fazer, cuidadosamente, o percurso e o contorno do que não existe.

Facticidade

Lispector faz surgir outra dimensão da escrita quando diz que escrever é, tantas vezes, lembrar-se do que nunca existiu. Escrever é lembrar e, se formos mais precisos, lembrar-se, reflexivo que inclui e enlaça o próprio sujeito. Lispector põe em questão a existência e, mais ainda, a existência do Outro em que o sujeito se ancora. Escrever não relata nem delata o que alguma vez existiu. Escrever é invenção do real, a realização de um texto inédito, nunca escrito. "Então, escrever é o modo que tem a palavra como isca: a palavra pescando o que não é palavra"[3]. Escrever é fazer vir à tona a entrelinha, o intervalo entre as palavras. O que escapa na fenda, o que flui, o que navega, o que nada, enquanto o real se discerne, se diz-cerne. Pois o real não se iguala ao fato nem se confunde com a realidade. É o que, nas entrelinhas, se inventa, se escreve. "Quando essa não palavra – a entrelinha – morde a isca, alguma coisa se escreveu"[4].

3 *Aprendendo a Viver*, Rio de Janeiro: Rocco, 2004, p. 181.

4 Idem, ibidem.

Com o termo facticidade, questiona-se a crença na existência de algo naturalmente dado. É bastante difundida a ideia de que o fato é da ordem do empírico, atingindo, assim, uma dimensão de verdade inquestionável. Contudo, o infortúnio do historiador, sua miséria, consiste na obrigação, na exigência de se ater ao fato – como testemunho e prova de uma realidade, enfim, verdadeira. Haveria outro modo de se apropriar do fato? Com o termo facticidade define-se o que é próprio do fato. O fato é inseparável da dimensão da linguagem que o produz. O fato é de linguagem, feito da palavra com que se tramita, se enuncia. Por ser de ordem discursiva não se diz sem o artifício. Ante sua dimensão discursiva irredutível, surgem vozes que clamam pela sua realidade demandando excluir a palavra que o legitima. Vozes que parecem querer dizer que isso aconteceu realmente, com o desígnio de substituir a facticidade por um real empírico. Posição que tem graves consequências no campo da responsabilidade. O termo "responsável" implica que o sujeito esteja em condições de responder por seu ato, isto é, que possa ser interpelado, chamado a responder. Resposta e interpelação só têm lugar numa estrutura discursiva; o fato, enquanto acontecimento de linguagem, não é sem responsabilidade. Também não é sem articular a ficção. Facticidade implica o fato e o artifício. Os termos não se contrapõem nem se excluem. Fático e fictício se enodam. A ficção não se opõe ao verdadeiro. A verdade não se diz sem a ficção.

Fictitious foi introduzido no século XVIII por Jeremy Bentham para referir-se a entidades jurídicas que não podem prescindir da linguagem para serem formuladas. Trata-se de elementos de discurso que não podem faltar nem ser suprimidos sem o risco de destruir o próprio discurso. A ficção se revela constitutiva da linguagem com que se escrevem as entidades do Direito. Não há propriamente em Bentham uma "teoria das ficções", nome com que Ogden compilou os escritos do autor em que a noção foi utilizada para a definição das entidades, tanto no contexto da linguística como no marco da lógica. O sujeito, na concepção de Bentham, está inserido no discurso pelo uso que faz de uma língua quando formula os enunciados com que fala. Bentham considera que a lógica, enquanto determinante das regras do pensamento, é necessária na função de ordenar as entidades que são produzidas com os elementos da linguagem.

Pensamento e sujeito são indissociáveis da linguagem. E dessa coexistência resulta que o pensamento, formalizado nos aparelhos da linguagem, participa da ficção. Produzir uma frase implica passar pela dimensão da ficção. Uma proposição está enraizada na ficção e isso repercute no campo da verdade. Questão que perpassa o texto de Bentham: como uma entidade pode ser considerada verdadeira? É certo que ele avançou no sentido de reduzir a oposição e a distância entre verdade e ficção, reconhecendo que são termos intimamente enlaçados de forma que um não possa ser formulado sem o outro.

Recentemente, foram publicadas as entrevistas concedidas por Imre Kertész a seu amigo Zoltán Hafner. Kertész adverte o leitor que esse é seu primeiro livro escrito por uma demanda vinda de outro ("uma incitação exterior" em lugar de uma "inspiração interior"), o que já constituiria uma boa autobiografia. Contudo, levando em conta a proposição de Nietzsche de que os diálogos de Platão são a fonte do gênero romanesco, *Dossier K.*, o livro de Kertész, pode ser considerado "um verdadeiro romance".

A posição do escritor provoca uma profunda inquietação no seu interlocutor e amigo, que se pretende fiel aos fatos e tenta reconduzir o diálogo à realidade dos acontecimentos. Uma sutil tensão perpassa o hiato entre o que se pergunta e a resposta, como se o escritor abrisse uma brecha no tecido compacto da história tal como a registrara o interlocutor. A discordância marca o instigante estilo do *Dossier K.*, do qual transcrevemos alguns parágrafos:

> – Por quê? Não é o que aconteceu?
>
> I. K. – No romance, sim. Mas o romance é uma ficção.
>
> – Então, é a realidade o que você descreve... Então, por que você mantém tanto o termo de ficção?
>
> I. K. – É uma questão fundamental. Dezenas de anos após os fatos, quando decidi escrever um romance, tive que formular, de alguma maneira, para meu uso próprio, a diferença entre os gêneros do romance, da autobiografia e das "Memórias"... Uma boa biografia é como um documento, um quadro de época no qual se pode confiar. Enquanto que no romance não são os fatos os que contam, mas unicamente o que ali se acrescenta.
>
> – Você não quer dizer, de qualquer modo, que inventou Auschwitz?
>
> I. K. – Porém, em um certo sentido, é exatamente isso. No romance me cabia inventar e criar Auschwitz. Não podia apossar-me dos fatos históricos, exteriores ao romance. Tudo deveria nascer de maneira hermética, pela magia da língua, da composição. Trate de considerar o livro a partir desse ponto de vista; desde as primeiras frases, você sente que entra em um mundo bizarro, soberano, onde tudo, mais precisamente, qualquer coisa, pode acontecer. Ao avançar na história,

um sentimento de perdição invade o leitor. Sente, progressivamente, que a terra desaparece embaixo de seus pés...

– A cena de *Ser sem Destino* onde Köves percebe uma estação abandonada através de uma fenda farpada e lê a palavra Auschwitz no esplendor da manhã: ficção ou realidade?

I. K. – É, verdadeiramente, a realidade e serviu, de modo primoroso, à estrutura da ficção...

Mas, você poderia me dizer, agora, porque você assume um ar de triunfo toda vez que me surpreende descrevendo um detalhe verdadeiro, concreto ou, como você diz, a realidade.

– Porque, com a sua teoria da ficção, você mascara a verdade. Você se exclui de sua própria história.

I. K. – De jeito nenhum. Só que meu lugar não é na história, mas atrás da minha escrivaninha[5].

Duas posições irreconciliáveis que marcam uma parte importante do debate moderno, tanto no âmbito da história como no campo da psicanálise. Kertész em momento nenhum fez concessões à demanda da realidade, elevada à função de garantia da verdade. Como escritor, seu lugar se funda no reconhecimento do fato na dimensão da linguagem, não recusando o real, mas recriando-o. Uma posição ética que não exclui o sujeito da história, como quer seu interlocutor, mas o constitui através da escrita. A realidade esgrimida como verdade constitui uma constrição e obstáculo ao real. O real se inventa. O real não precede ao ato da escrita, pois é o acréscimo imprevisível que salta nas entrelinhas do que se escreve.

O discurso analítico diz, com Lacan, que a verdade tem a estrutura de uma ficção. A formulação está longe de propor o predomínio da operação metafórica da linguagem em detrimento do real. O real emerge na formalização da linguagem e se verifica nos impasses da lógica. Isto implica distinguir dois registros heterogêneos na linguagem: o da palavra falada e o da escrita.

Na tradição filosófica, a linguagem não se desvencilha da suposição de uma substância impregnada da ideia de ser. O real, formalizado pela psicanálise, é o impossível fazendo sua irrupção nos interstícios e nas falhas de uma língua. O discurso analítico introduz a dimensão do *não todo* como impossibilidade de se constituir numa linguagem um universo de discurso. O ideal de totalidade resulta de uma imposição do próprio

5 Arles: Actes Sud, 2008, p. 12-25.

significante através do efeito de significado, derivado do fato de que as palavras se encadeiam umas às outras na remissão permanente da significação. A mensagem, no entanto, se produz no outro e o próprio sujeito se divide entre aquele que a diz e aquele que ouve o que diz. Em momento nenhum há como supor uma totalidade na função da palavra.

O escrito supõe outra maneira de abordar o real. A letra se lê embora não de maneira fácil. Ler não implica compreender. Lacan pontuou a função do escrito, escrevendo *fixão*. A letra *x* da *fixão*, que só se lê quando escrita, aponta para o lugar e a função do real. O escrito é tecido pela ficção enquanto *fixão* que indica a fixidez do que, numa língua, não desloca e volta sempre ao mesmo lugar.

A Construção Freudiana

Freud inventou o último mito moderno na sua obra mais ambiciosa, *Totem e Tabu*, de 1913. Apesar de considerá-lo como uma hipótese, Freud nunca cedeu sobre um ponto crucial: o do ato parricida como um acontecimento real, nos mais remotos tempos da humanidade. Hipótese que se confirma na experiência clínica com sujeitos obsessivos, nos quais as moções mortíferas chegam a produzir efeitos "delirantes", e com o avanço no estudo das religiões, nas quais a persistência do pai é um fato notável.

O fato de a transmissão ser sempre feita de lacunas e deformações, testemunharia, no dizer de Freud, a existência de um ato fundante da humanidade. O ato inaugural não seria outro que um crime contra o pai. O parricídio constituiria o ato mais originário do homem. Citando Goethe, e subvertendo o *Gênesis*, Freud escreve "No início era o ato". Sentença que não deve ser lida como excluindo a função do verbo, pois o ato só tem lugar na ordem do significante, onde ato e ação se diferenciam. Um ato só se diz como tal pelos efeitos que decorrem dele. O ato consiste num franqueamento na estrutura que é de linguagem: há um "antes" e um "depois" do ato. A temporalidade que se inaugura é a da marca que retorna mais tarde em diversos efeitos.

Sobre essa hipótese, escreve em *Moisés e a Religião Monoteísta*:

> Há de se admitir: este panorama histórico é lacunar e, em muitos pontos, incerto. Mas, quem pretendesse considerar fantástica nossa construção do acontecer histórico primordial cairia numa

> lamentável subestimação da riqueza e da força de prova do material que a integra[6].

O ato do parricídio constituiria, assim, o trauma originário da humanidade. A construção freudiana dá sua resposta ao ponto de falta na origem, irrecuperável por ter sido esquecido sob o efeito do recalque primário. O *Urvater*, o pai primevo, consiste na suposição de que este vivia num gozo ilimitado: todas as mulheres lhe pertenciam e gozaria de todas. Os filhos, excluídos do gozo, teriam se reunido e matado o pai. A entrada na ordem da cultura se faz ao preço de um sacrifício, o do pai, num ato que introduz a impossibilidade de um gozo todo. O crime barra o Outro, interdita seu gozo. Para o ser falante o gozo é interditado, inter-ditado, ou seja, *dito* nas entrelinhas. Inaugura-se outra lógica: a do não todo. Aos filhos – constata-se que depois do ato só haverá filhos, sendo o pai real a marca do impossível – lhes cabe uma "obediência retrospectiva" ao nome do pai que sanciona a inscrição do desejo como lei.

Freud se manteve firme quanto ao valor da construção. Ela era necessária para a psicanálise, pois sem ela o edifício teórico não se sustentaria. Nenhuma motivação de Freud – as circunstâncias de ruptura e dissidências no movimento psicanalítico; seu amor incondicional ao pai – explicaria o caráter imperioso de sua proposição que ele relutava em pensar como um mito de origem, enfatizando a existência real do ato. Contudo, em 1921, o chamou de "mito científico".

Que estatuto deve, então, ser conferido à construção freudiana da horda primitiva e do assassinato do pai? Pela subordinação do ato à linguagem, não há como supor um acontecimento que não seja relatado, dito ou escrito, numa dimensão de ficção. Freud não cede sobre o real do acontecimento. Daí parte Lacan, que não o lê apenas como um mito. Para Lacan, o parricídio é um "mito escrito" a ser diferenciado das versões do mito, tal como foi teorizado por Lévi-Strauss. Para o antropólogo, o mito se apresenta sob diversas versões ou configurações que respondem a uma combinatória precisa de elementos significantes, relativamente fixa. O mito, na sua leitura, é a estrutura que se extrai da multiplicidade de versões.

Não é o caso de *Totem e Tabu*. Um mito escrito, no cerne de uma teoria, é único e não está sujeito a variações. Enquanto escrito, é lido por

6 *Moisés y la Religión Monoteísta*, *Obras Completas*, Buenos Aires: Amorrortu, 1997, v. XXIII, p. 81.

Jacques Lacan "como uma inscrição do que é da relação sexual"[7]. A construção freudiana não cessa de escrever que é impossível que um pai goze de todos e de todas. O pai primevo é a suposição de que teria existido *um* que, gozando de todas as mulheres, não estaria submetido à castração. A sua existência lógica configura a exceção necessária para que os falantes (os filhos da horda, no mito) se inscrevam sob a égide do falo, isto é, no registro da castração. Por outro lado, o pai gozador de todas abre um hiato que é, precisamente, o impossível – não há, na linguagem, como formular o conjunto de todas as mulheres. O mito do pai primevo – científico, segundo Freud – é o suporte da lógica com que se aborda o sexo na psicanálise. Por um lado, os seres falantes respondem *todos* à exigência do falo; por outro, o gozo implicado no sexo não se deixa recobrir inteiramente por esse significante: haveria um gozo que se definiria como *não todo* fálico. O mito freudiano tem função de um escrito que responde à falha da linguagem em escrever a relação sexual. E se Freud enlaçou essa função ao pai, isso se deve à necessidade de formular que no fundamento do escrito não há mais do que Um – *pas plus d'Un*, dizia Lacan em 1971, antecipando seu dizer, que seria lançado apenas uns meses mais tarde: *Há Um*, *Il y a de l'Un*, isto é, não há dois para estabelecer a dita relação sexual (*rapport sexuel*).

Entre Verdade e Saber

O dizer, correlato da escrita do real do sexo, fica esquecido atrás do dito. Desse esquecimento se nutre a religião, que age em consonância com a denegação da verdade como causa. Há de se dizer que não existe no homem nenhum traço de amor pela verdade. A história da humanidade mostrou, em todos os tempos, o firme propósito de esquecê-la. E o nome de Deus constitui o cerne do recalcado.

O sujeito crente interpreta a ideia de um deus único como a revelação de uma verdade oculta que veio à luz para se impor com toda força sobre as crenças existentes. Enquanto a religião triunfa propagando-se como verdade revelada, a psicanálise lê nela o retorno de um fragmento de verdade recalcado e, portanto, inconsciente, como condição para que a crença perdure e o sujeito possa aderir a ela.

7 *Le Séminaire, Livre XVIII: D'un discours qui ne serait pas du semblant*, Paris: Seuil, 2008.

A revelação tem a função precisa de denegar aquilo em que o sujeito se funda: a causa de seu desejo. A causa é imputada a Deus que se ocupa dela enquanto que o sujeito não tem acesso à verdade de seu desejo. Como Freud o assinalara, o desejo se transmuta em culpabilidade e a causa pode tornar-se objeto de sacrifício. Encerra-se, desse modo, um trajeto que se teria iniciado com o sacrifício do pai nos primórdios da humanidade. Freud lê no fundamento do monoteísmo rastros do retorno do crime primevo, condição para que uma religião se consolide e perdure, e o sujeito crente possa aderir a ela.

Em *O Porvir de uma Ilusão* (1927), Freud demonstrara a função da religião: denegar o furo do desamparo do homem, próprio à sua existência de sujeito. Ante a impossibilidade de simbolizar o sexo, criamos as teorias sexuais infantis, perseverando na crença no falo materno, em franco repúdio à castração. Ante a carência de representação para nomear no inconsciente a morte, construímos sistemas religiosos que prometem a vida eterna, renegando a finitude de nossa existência. A verdade aparece neles como causa final, no sentido em que ela é relegada ao juízo último do fim do mundo.

As teorias sexuais e os sistemas religiosos são um desmentido do real – enquanto o impossível de ser simbolizado –, do sexo e da morte. Desempenham, desse modo, a função da fantasia enquanto recobrimento da hiância da linguagem.

A psicanálise interpela a fantasia a partir do real, o impossível que insiste em se escrever. A dimensão da escrita é correlativa do real. A construção é um modo de escrita em torno do elemento faltante; ela inventa um saber e não teme parecer um delírio.

No seu escrito de 1937, *Construções em Análise*, Freud escreve:

> Assim como uma construção produz um efeito por restituir um fragmento da história de vida do passado, do mesmo modo o delírio deve sua força de convicção à parte da verdade histórica que põe no lugar da realidade rejeitada[8].

O delírio e a construção da psicanálise são ainda equivalentes em vários pontos. Ambas pretendem restaurar um fragmento da realidade desmentida no tempo de hoje com outro fragmento já desmentido no passado.

8 *Construcciones en el Análisis*, op. cit., v. XXIII, p. 264-270.

Como o delírio na psicose, a operação que funda nossa tão apreciada cultura não é outra senão uma rejeição (*Verwerfung*) de um fragmento da realidade, processo que não se limita ao passado: o que foi rejeitado (*verworfen*), forcluído (*forclos*) do simbólico, aparece no real, fora do tecido significante. Em sentido estrito, não poderíamos dizer "retorno do real" e sim "aparição" do real. O retorno supõe uma representação significante, inscrita como marca, que volta inserida numa trama simbólica. O real aparece sempre como se se tratasse de uma primeira vez, errático, atual e sem história.

Ao real responde o inconsciente como um saber que habita o sujeito, mas não se sabe. O inconsciente é um saber que trabalha em torno da impossibilidade de dizer e escrever o real. Freud o articulou como um discurso, estruturado nas marcas que fundam o sujeito. Com elas são tecidas as lembranças; delas se faz o tesouro da memória. A marca, sem substância, perdura, persiste e seus efeitos ecoam nas cadeias de representações inconscientes. O recalque, incidindo sobre a marca, é uma operação de apagamento que, ao mesmo tempo, conserva: a marca se fixa no inconsciente que, desde então, é o lugar de inscrição, de escrita. A materialidade da marca não é outra senão a da língua, não por acaso dita "materna".

Que o real não se escreva não deve, contudo, ser tido como negatividade: é produtivo, provoca um turbilhão e não para de não se escrever, determinando efeitos de escrita alhures, isto é, escreve-se ainda mais em outro lugar. O inconsciente escreve, sim, como ciframento. O texto é cifrado, como resultado do trabalho de condensação e deslocamento da representação e supõe uma operação de leitura do que se escuta no retorno do significante. Esse retorno é o de uma letra, a ser lida como algo diferente do que significa. Nesse sentido, palavra nenhuma se reduz à sua significação. A palavra traz a marca do gozo como foi ouvida, adquirida, apreendida. A palavra retorna do recalcado como letra, definida como instância no inconsciente que dá suporte à escrita e se oferece à leitura.

Trauma e Escrita

Na Viena que adere com entusiasmo ao nazismo, na viagem do exílio através de uma Europa ameaçada, na instalação na casa de Londres onde iria morrer um ano mais tarde, em 1939, não cedendo aos infortúnios de um corpo velho e gravemente doente e aos sinais de uma realidade nitidamente adversa, um escrito não para de se escrever, fruto de uma experiência de trabalho e do desejo de que o saber da psicanálise continue a ser transmitido. Esse escrito, talvez o mais polêmico de Freud, pois nem a história nem o judaísmo o recebem sem inquietação, esse escrito circunscreve a perda mais radical, a do próprio Freud que, como Édipo em Colona, abdica dos bens e da garantia da sagrada escritura, para lançar-se só na opaca região onde o saber toca a dimensão da verdade. Esse livro era *Moisés e a Religião Monoteísta.*

Do início ao fim de sua obra, Freud considerou a função do trauma na economia psíquica como original no cerne dos processos que constituem o sujeito. O próprio conceito de inconsciente como sistema psíquico que opera com leis e mecanismos próprios não teria sido instituído sem o furo que provém do encontro "traumático" com o sexo. Não existe, no ser falante, adaptação nem saber instintivo para lidar com o sexo. Habitar a linguagem não o deixa melhor aparelhado para operar com as urgências, as premências da vida – *Not des Lebens*, escrevia Freud. As necessidades se transmutam em demandas e, nelas, a criança, no seu empenho de ser amada, se faz objeto do Outro. Do desamparo (*Hilflosigkeit*) emergem tanto a dependência como o suborno. Nesse encontro com o Outro, representado inicialmente pela mãe, estabelecem-se os jogos de miragens que trazem a marca de traços de perversão. O sexo, porque não há instinto no homem, é abordado com os aparelhos da pulsão, da qual Freud destacara o caráter perverso polimorfo.

Localizemos nessa estruturação o trauma que fora definido na sua dimensão quantitativa como uma irrupção em excesso, vinda do exterior ao aparelho psíquico. Com o termo "quantidade" se põe em evidência a falta da representação inerente ao trauma. Este constitui um excesso do qual o sujeito padece antes de poder articular as palavras que lhe permitam estabelecer alguma forma de compreensão ou de saber. O trauma emerge, portanto, no limite do símbolo, à procura de se inscrever como marca. Na situação traumática se conjugam o gozo experimentado no próprio corpo – uma dimensão que não é precisamente de prazer – com a repetição da marca, que comemora uma satisfação já experimentada e perdida. Uma nova temporalidade intervém no conceito de repetição. Uma concepção linear do tempo esperaria que uma primeira vez, a do acontecimento, reaparecesse depois na cena da repetição.

O tempo é *nachträglich*, *a posteriori*, o que implica, no termo em alemão, tanto um efeito sempre posterior como também um suplemento. Algo se acrescenta com a repetição que não é do mesmo e sim da diferença. O trauma é o que volta, sempre depois, ligado a uma cena posterior. O trauma questiona a noção de origem, a suposição de que há um começo. Só há trauma depois, onde o sujeito está implicado com a perda de seu gozo. Isso se repete. Sempre uma segunda volta, como tentativa de circunscrever o que do sexual não se escreve. O trauma é o nome do encontro com a falta inerente ao gozo sexual que a psicanálise chama de castração.

Em *Moisés e a Religião Monoteísta*, Freud circunscreve o trauma e, desta vez, o enoda à escrita. Três fatos cruciais, articulados entre si, o definem. A noção de trauma atravessa os diferentes momentos das formulações freudianas. O trauma surge na primeira infância, especialmente no período de aquisição da linguagem, em que a criança é francamente receptiva às influências do Outro. As vivências que, via de regra, ocasionaram um dano ao narcisismo, caem no esquecimento próprio da amnésia infantil – acrescentamos – sob a ação do recalcamento originário. São impressões sexuais e agressivas sofridas no próprio corpo que trazem a marca do que foi visto e ouvido, sem que isso tenha podido ser, integralmente, articulado na palavra. O núcleo de lembrança é, pois, a experiência traumática, no que ela traz de impossível e tende a se repetir. "O nexo entre aqueles três pontos é estabelecido por uma teoria, um resultado do trabalho analítico, o único que oferece uma notícia sobre as vivências esquecidas"[9].

A psicanálise, como discurso que articula uma prática, dá "uma notícia" do esquecido, isto é, não o recupera todo através da lembrança; o trauma é radicalmente irrecuperável pela memória e daí se radica sua efetividade (*Wirklichkeit*). O que se produz como lembrança é outra coisa: deslocada, feita com restos do "original", deformada e encobridora. Se com Lacan fazemos de *traumatisme*, *troumatisme*, na troca de letra torna-se patente que o trauma é a instauração, na economia psíquica, da função do buraco (*trou*). O que se escreve, a partir de então, é da ordem de uma *Entstellung*, a desfiguração. "Com a desfiguração de um texto acontece algo semelhante ao que ocorre com um assassinato: a dificuldade não incide em realizar o ato, mas em eliminar seus rastros"[10].

O texto traz as marcas do destino que padeceu. Os caminhos e descaminhos de um texto não impedem, no entanto, que ele chegue sempre a seu destino. Mas, o que lê o leitor? Ele acredita que o texto tem algo a lhe comunicar, um segredo a revelar, uma circunstância a narrar. O leitor passa a ser subornado por um objeto que é o efeito de supressões, modificações, superposições. A sua textura são as irremediáveis lacunas,

9 *Moisés y la Religión Monoteísta*, op. cit., p. 72.

10 Idem, p. 42.

as incômodas repetições, as gritantes contradições. O texto é o resultado de procedimentos contraditórios que tanto o falseiam e o mutilam como querem preservá-lo de toda adulteração. Freud salienta a função da *Entstellung* na feitura do texto, termo do qual destaca o duplo sentido que traz: "alterar na sua manifestação, sua aparição (*Erscheinung*)", "levar a outro lugar (*in eine andere Stelle bringen*), deslocar, transpor (*verschieben*)"[11].

> Assim, em muitos casos de desfiguração de textos (*Textenenstellung*) podemos calcular que encontraremos escondido em alguma parte o que foi sufocado (*das unterdrückte*) e o desmentido (*das verleugnete*) embora modificado e tirado fora do contexto[12].

Texto e desfiguração estão intimamente enlaçados. As desfigurações não permitem supor a existência de um texto original sobre o qual a *Entstellung* teria atuado. Não há texto detrás do texto. Há operações que o produzem em uma constante transposição. Ler o texto é (re)produzir as operações que se conjugam na sua produção.

Em torno do furo da memória o texto é cuidadosamente construído. Sufocado e desmentido, o furo do texto se delimita e se encobre. Por *unterdrückte* entendemos o efeito de suprimir, de abafar, de sufocar certos elementos incertos e perturbadores na concatenação do texto. Esta intervenção, que é associada à do censor, produz a subtração de um elemento da cadeia significante – *unter-drücken* etimologicamente significa "empurrar para baixo" –, desenhando um furo no texto.

O furo tende a ser renegado e, logo, recoberto. Age aqui uma *Verleugnung*, operação introduzida por Freud para referir-se ao encontro do sujeito com a castração do Outro representada pela privação do falo na mãe, estendida depois às outras mulheres. A tradução do termo alemão permite algumas acepções tais como recusar, repudiar, renegar. A escolha do termo "desmentido" acentua a divisão do sujeito, na medida em que implica um reconhecimento de uma marca que passa a ser negada. No desmentido trata-se de desdizer algo que foi reconhecido. A consequência é uma cisão (*Spaltung*) do sujeito, que tanto reconhece a falta no Outro como mantém a crença na existência do que obtura essa falta. No seu artigo de 1937, "A cisão (*Spaltung*) do eu no processo de defesa", Freud postula que a divisão do sujeito é insolúvel. O sujeito se cinde entre reconhecer

11 Idem, ibidem.

12 Idem, ibidem.

a falta (*annerkennen*) e desmenti-la (*verleugnen*). Desse modo, o sujeito afasta de sua percepção uma parte da realidade que lhe é insuportável.

O retorno ao trauma, nas condições exíguas da escrita do *Moisés*, constitui outro enodamento. Com o saber que decantou da experiência analítica, Freud fez um salto arriscado, aproximando-se do texto bíblico, lendo-o nas suas falhas e nas suas reparações, perseguindo a emergência do Um.

Sua hipótese remonta à religião de Aton, na qual se fundaria o monoteísmo mosaico. A construção segue duas linhas principais: deslocar a emergência do Um, dominante nos três monoteísmos existentes, a um "antes" e a um "fora", da religião que se funda; derivar o Um do ato primitivo da humanidade, o parricídio, do qual há de se apagar qualquer rastro.

A ideia do Um surge de um ato que sofre todo tipo de desfigurações, *Enstellungen*, no curso de sua transmissão. O ato do parricídio constituiria o trauma originário da humanidade, do qual se depreendem os efeitos mais diversos.

Dentre eles, a repetição é o modo de lembrar, como ato, o que foi esquecido. A escrita se insere aí, pois comporta uma repetição da marca, fazendo com que ela se escreva de outra maneira. Há outros efeitos, estes "negativos", decorrentes do encontro com o gozo insuportável, ante o qual o único recurso é a evitação que poderia configurar uma fobia.

A sentença diz: "no início era o ato". Mais do que ausência de verbo, o ato aponta para seu limite, pois o verbo não o recobre integralmente. Uma parcela resta excluída: é a parte do gozo, atribuída ao pai primevo, que reaparece encarnado na figura do Outro gozador. O verbo confere um marco e um limite, mas não todo o gozo se subordina a ele. A civilização e a cultura, que já atingiram um alto grau de sofisticação e de expressividade, não param de se horrorizar ante a aparição, em ondas, de algo brutal e terrível, demonstrando-lhes que não há na humanidade progresso nem evolução.

Lanzmann, no seu impressionante *Shoah*, opta por não mostrar as cenas dos campos de extermínio. Seu filme produz uma escrita que não faz nenhuma concessão à imagem. São testemunhos; são frases interrompidas; são silêncios perpassados pela impossibilidade de dizer uma experiência para a qual não há palavras. O essencial é que, tocando o limite, isso se diga, continue a se dizer.

Kertész escreve:

> Qualquer que seja nossa análise, a fumaça do Holocausto projetou uma sombra longa e escura sobre a Europa, enquanto as chamas

> marcavam a fogo um sinal indisfarçável no firmamento. Nessa luz sulfurosa, o espírito da história repetiu as palavras entalhadas na pedra; nessa luz ilusória nova, ele alojou a história ancestral, tornou a alegoria verdadeira, despertou para a vida o drama da paixão humana que trata do sofrimento[13].

Kertész não adere à formulação de Adorno de que depois de Auschwitz escrever versos não seria mais possível. Kertész toma a decisão de não estabelecer o impossível como limite. O impossível é o cerne da escrita: ele não para de não se escrever, fazendo escrever de novo, numa repetição que produz a diferença e provoca o despertar. Duras escreve: "Impossível falar de HIROSHIMA. Tudo o que se pode fazer é falar da impossibilidade de falar de HIROSHIMA. O *conhecimento de Hiroshima* sendo posto *a priori* como um logro exemplar do espírito"[14].

A escrita de Auschwitz e Hiroshima não para de contornar o trauma e a impossibilidade de rememorá-lo e de dizê-lo força a que se o escreva de outro modo.

A escrita tem a função ética de não consentir o esquecimento como as cerimônias oficiais do luto, os rituais mecanicamente repetidos de comemorações públicas[15]. Escrever é produzir a perda como um modo de saber algo mais da falta do ser falante ao qual chamamos "homem". Kertész encontra as palavras da língua para fazer seu estilo de elaborar, de trabalhar o luto que lhe é próprio, mas que concerne a todos. Ele arrisca uma escrita que não se pretende relato autobiográfico dos acontecimentos; parece estar avisado de como a pretensa realidade pode constituir um baluarte para a manutenção de um sofrimento que muito tem de gozo. Uma aposta em uma escrita que se aproxime um pouco mais do real, não para descobri-lo e sim para inventá-lo.

13 I. Kertész, *A Língua Exilada*, São Paulo: Companhia das Letras, 2004, p. 52.

14 M. Duras, *Hiroshima mon amour*, Paris: Gallimard, 2006, p. 10.

15 I. Kertész, *A Língua Exilada*, 2004, p. 40.

8.

A Memória de minha Mãe

Paulo Blank

Não sei ao certo quando começou a construção do arquivo de acontecimentos do qual me tornei espécie de guarda-livros de minha mãe. Rol de memórias que ela me repassou ao longo dos anos. Não consigo recordar momentos típicos do tipo que ilustram as lembranças de tanta gente, quando uma mãe sentada, como nas histórias que lemos para as nossas crianças, repassa a sua vida e faz os filhos participarem de um balanço do seu passado. Entre mim e a mãe acontecia de maneira espontânea, inesperada, como que uma reação a algum estímulo externo que a remetia imediatamente aos anos juvenis de um país que se tornou muito íntimo, muito presente em nossa vida de constantes exilados.

As cidades e os rios da Polônia se escondiam em cada canto de nossa casa de vila na rua de Sant'Anna. Desde pequeno, entoava a primeira estrofe do hino polonês com a minha voz esganiçada, tentando puxar para o tom solene, digno de um canto nacional, sem entender as palavras, embora tivesse aprendido algumas expressões daquela língua cheia de consoantes amontoadas e que a mãe, brincando, me desafiava a repetir e, em nossas viagens de bonde, me fazia perceber a sutil diferença entre a pronúncia comum da letra "ele" e aquela outra, com a língua enchendo a boca, que é como se lia quando o "ele" vinha com um traço cortando a letra bem no meio. Até hoje, quando assisto a algum filme polonês, vivo a estranha sensação de entender tudo o que está sendo falado, embora, na verdade, não compreenda mais do que algumas palavras.

Afetos, fatos e conceitos foram sendo repassados enquanto cruzávamos a cidade em direção aos fregueses de sua clientela de prestamista retardatária. Desde cedo, soube que os judeus se dividiam segundo o critério "cultur". Em primeiro lugar vinha a comunidade americana, em segundo a Argentina e só depois, infelizmente, o Brasil, onde São Paulo precedia o Rio de Janeiro. Quem era ou deixava de ser um *mentch*, a decepção com o comunismo stalinista e a revolta contra os assassinatos dos escritores e médicos judeus, a admiração ou o seu espanto frente a um Brasil que nunca chegou a entender, eram assuntos conversados no chacoalhar do bonde, enquanto eu ia sendo alfabetizado através dos cartazes de propaganda, treinado no ídiche para ninguém nos entender, e introduzido num jogo que consistia em ler as palavras e os números de trás para frente. Eu, por exemplo, nesta hora, passava a me chamar Laupo. Quem sabe ela buscava transformar os nossos destinos, na medida em que desconstruía a ordem das palavras capazes de criar e desfazer mundos? Foi uma longa conversação que só terminou um ano antes de sua morte, cujo aniversário, graças aos deuses da sincronicidade, acontece no próximo domingo. Pois que seja esta intervenção neste encontro mais um *Kadish* que dedico a Malka, uma rainha morta.

Longa conversação que só terminou quando aquilo que mais amava lhe fora surrupiado pelas mãos sempre surpreendentes do destino. Refiro-me à admiração que tinha pelas palavras, pela beleza da fala dos outros e ao triste destino de ter passado o último tempo de sua vida limitada a gritos desesperados que vinham do fundo de sua impossibilidade. Para Malka, uma palestra ou artigo se transformavam num acontecimento estético. Um texto lido no jornal ídiche editado nos EUA, *Der Forward*, era valorizado pelas "belas palavras", como ela dizia, palavras que valiam a pena e por isso me eram recomendadas apesar da minha lerdeza com a leitura do ídiche, a língua onde se dava a vivência que demarcava uma certa fronteira entre nós e o mundo que nos cercava.

A palavra vivência, que ainda não havia me ocorrido, me parece adequada. Enquanto vou construindo este texto, busco imagens e sinônimos que possam ir mais longe do que arquivo, memória, lembranças. Algo que realmente transmita o meu sentimento. Nada encontrava até que surgiu vivência. Vivência talvez transmita melhor a realidade de um arquivo sem fichas arrumadas. Ao contrário, é muito bagunçado, muitas vezes recorrente, e às vezes me parece que se resume a algumas poucas imagens que se repetem em contextos diferentes, dando a impressão de que se trata de uma longa história. Por outro lado, a palavra vivência expressa melhor a intensidade dos momentos passados juntos e que, pouco a pouco, construíram a passagem através da qual cheguei a ter sentimentos e opiniões sobre lugares, fatos e pessoas que eu jamais vivi e que, muito provavelmente, jamais irei conhecer. Tal qual minha mãe, tenho muito pouco interesse em voltar àqueles lugares, embora nunca me esqueça deles.

Por alguma razão, a minha mãe ensinou-me a Lichtenstaisnte Polca, uma música que dançávamos juntos nos estreitos cômodos de nossa casa. Saber cantar na língua dos nossos inimigos me dava certo *status* especial na escola Talmud Torah, um colégio judeu religioso na rua Ibituruna, colado ao educandário Menino Jesus, cheio de lindas meninas para quem jogávamos bilhetes por sobre o muro que nos separava. "Oh Lichtenstaisnte Polca, sena polca Mainchatz, polka main chatz, oh ia!" Era o que eu cantava aos berros, esticando o corpo para fora da janela do ônibus escolar, batucando furiosamente na lataria, espantando colegas e passantes, enquanto dobrávamos a esquina da avenida Presidente Vargas e entrávamos na rua de Sant'Anna, onde morava. Eu reinventava o alemão me esforçando em tornar-me um poliglota. Palavra que a minha mãe sempre dizia em tom de profunda reverência com as pessoas que sabiam muitas línguas.

Como fragmentos de escrituras que vão sendo desenterrados ao acaso e recompostos em textos, ela fazia surgir pedaços de sua existência enquanto partilhávamos o nosso dia a dia. Fragmentos que poderiam aparecer no caminho para um evento judaico em memória dos seis milhões de mortos, ou num sábado à tarde indo à biblioteca Scholem Aleikhem, ou, como ela dizia, à Biblioteca, como se fosse a única, e a que continha todas as obras importantes para a sobrevivência da humanidade, ou durante algum passeio no Campo de Sant'Anna, na ida ao cinema para assistir, pela terceira vez, a *Marcelino Pão e Vinho*, ou a *La Violetera*, ou ainda, quando via ao longe as montanhas que emolduram o Rio de Janeiro e que, imediatamente, a transportavam para os Montes Cárpatos, desenhando uma geografia e um tempo que eu penetrava através da porta de suas emoções. Um tempo que era sempre melhor do aquele em que vivíamos.

Pouco a pouco, ao longo dos anos de sua velhice, quando a memória lhe escapava e a fala titubeava buscando as imagens que não possuía mais, fui adquirindo a sensação de que havia sido treinado para uma tarefa que agora era chamado a exercer. Foram anos e anos de acontecimentos que se transformaram em memória compartilhada. Moine, seu namorado de juventude, era um homem belo, cabelos penteados para trás, o grande amor de sua vida. Um professor judeu que abandonou a Polônia para lutar pelo ideal socialista, pensando ir construir uma pátria judaica em Birobidjan para depois mandar buscá-la, mas acabou morto em algum *gulag* soviético. Mensagem captada pelo menino que um dia, no bonde que passava diante da praça que ficava em frente ao palácio Tiradentes, vendo bandeiras enfileiradas por alguma razão festiva, e, percebendo entre elas o vermelho da bandeira soviética, exclamou sem pestanejar: "vermelha de sangue!"

Foi também juntos, quando fomos tentar a vida em Israel, que vimos a foto, a terrível foto dos judeus encarcerados no Laguer, estampada numa parede do Iad Vashem em Jerusalém. Quanto horror nos rostos passivos e esquálidos nos olhando dos beliches e onde a mãe, no seu afã de encontrar algum rastro de sua vida, julgou reconhecer um colega de juventude. A avó, que nos acompanhava, não conseguiu entrar no salão do monumento, e ficou sentada lá fora, ofegante e com o coração acelerado, sobre uma pedra branca de calcário, enquanto a mãe, sem dizer palavra, chorava tantas lágrimas que eu, espantado, não sabia se ficava olhando para ela, ou corria para estar ao lado da avó.

Embora a Polônia fosse a matriz de seus sonhos perdidos e da vida num "país de antissemitas", havia ainda a natureza que ela sempre relembrava como bela. Eram os únicos momentos festivos de suas lembranças. Caminhadas subindo os Montes Cárpatos, munidos de bastões com ponteiras de ferro para agarrar-se ao solo e não escorregar montanha abaixo. O rio Vístula, deslizando suave por entre o arvoredo, construía uma paisagem que eu nunca procurei no mapa para ver onde ficavam aqueles lugares sonoros. Talvez, porque os endereços por onde passávamos na Polônia fossem tão vivos quanto a rua de Sant'Ana, número cento e quatorze, casa trinta e oito, onde morávamos. Em Varsóvia, tivemos a rua Novelipke, vinte e nove, e em Lodz, a rua Alexander, número treze que, recentemente, voltou à vida. Foi Karen, uma prima americana a quem nunca vi, que localizou na internet a seguinte ficha: Gershon Goldenfan, nascido em Grojec, profissão alfaiate, morto em 14.2.42, residente na Alexander Strasse, 13, apto 30. Era ele, o meu avô Guershon, que ficou para trás quando a mãe e a avó partiram em julho de 1939. Mas a notícia chegou tarde, não havia mais a quem contar o acontecido. Novamente tornei-me portador de uma memória que não me pertencia.

Certa vez, em um poema publicado no meu livro *O Tal do Judeu*, no final da década de oitenta, eu falava da avó que acendia as velas no ritual do Shabat, e que, no seu caso, eram seis e não duas, dizendo que, ali, naquele momento, eu aprendia a ser história:

canto cortante ferido
onde o sábado-pretexto
de seis velas ao invés de duas
era uivo sufocado
de milhões de almas penadas
que cedo vim conhecer
compartilhavam de nossa mesa
da minha incompreensão
e de um certo sentido de dor

Aprendia a ser história

A dor toalha
rendada
cobria a mesa
onde se lia
presente
passado, dor
dor
dor
dor
dor por onde se ia

Eu tinha, então, uma visão restrita dos acontecimentos. Não era somente ser história como parte do povo judeu que eu aprendia naqueles dias. Eram nossas vidas e afetos que, passo a passo, se mesclavam numa alquimia que me transformava no arquivo vivo que, muitos anos depois, seria aberto e novamente partilhado com Malka, oferecendo-lhe as suas memórias como elo com a realidade que se apagava, apesar do esforço que fazia ao insistir em tomar o Ginko Biloba que carregava em sua bolsinha de plástico grosso que, até hoje, dorme na minha mesa de cabeceira. Bolsinha azul escura de plástico duro, fecho de metal, coisa sem marca, cheia de rastros.

E, no entanto, como foram alegres aqueles momentos quando eu me fazia cargo da tarefa. Alegria que transbordava em seu sorriso quando eu lhe cantava, desafinado como sou, "Kinder Iuren, Cheine kinder Iuren, Vi A hoilem Zint Ir Zich Tzifuren", ou lhe falava de Moine, o namorado, e dos passeios nos Cárpatos, e ela, espantada, me perguntava onde havia aprendido tudo isto, e eu lhe dizia que foi com ela, o que a fazia rir o seu sorriso mais orgulhoso, que as cinzas não conseguiram encobrir, e conversávamos de outros tempos, como dois velhos *shifsbrider*, irmãos de navio, palavra que só pode existir em uma língua destinada ao uso de viajantes em passagem para outras terras. Navios onde a irmandade se constrói no trajeto e se desfaz na medida em que o porto final aponta para outro começo. Naquelas conversas, comecei a ter esta certeza que não me abandonou mais. A certeza de que, no final das contas, eu havia me tornado o fiel depositário das memórias que, agora, partilhadas em público, nos envolvem num tempo que me fora doado sem que me pertencesse.

Com a permissão de vocês, gostaria de ler o poema no qual, pela primeira vez, menciono a percepção que aqui busquei relatar.

NO CAIR DA NOITE

o calor
não impede que a mãe
use o seu vestido
de mangas compridas
escondendo a ferida
corte antigo no cotovelo de seu braço esquerdo.

Ela se debruça em minha direção
como quem olha de perto
uma antiga folhinha
onde datas,
circundadas por lápis azul ou vermelho,
assinalam temores de esquecimentos.

Fim de tarde e calor abafado
no calçadão de Ipanema, fim
de domingo de carnaval,
restos de copos e latas e corpos que ainda suam
como aquele homem alto e pesado, com jeitão
de americano, que não cessa de ir
e vir e suar sob a luz dos postes
que o fazem brilhar

Enquanto Silvana, a minha mulher,

Silenciosa

ouve a nossa língua estranha.

O bloco
parou duas esquinas abaixo
e eu
repito para a mãe, na língua estranha, que o carnaval está chegando
fazendo a mãe alçar o olhar por sobre o coco
e dizer, Zeer Shein, sem
saber ao certo de onde vem o som,
sorvendo um pouco mais forte
o líquido fresco que ela tanto gosta
e depois
me tocando
no meu lado esquerdo, a mãe
me pergunta,

Onde está a Bube. Refreio a surpresa,
tem sido normal, ser memória, dicionário,
álbum de retratos, folhinha marcada,
coletânea de eventos
como o braço da mãe,
como o corte que ela aprendeu a ocultar
sob as mangas compridas.
Como o braço imobilizado desde o dia
em que,
escorregando no longo corrimão de Varsóvia
feriu-se,
e a infecção, mal debelada,
permanece ferida aberta, carne retraída,
até os dias de hoje.

Respondo na língua estranha,
que a avó morreu e, surpresa, o rosto
contraído numa expressão que conheço,
a mãe pergunta onde, ela, a vó, está deitada
pois é assim que dizemos na nossa língua estranha

em que os mortos se deitam
e insistem em não morrer.

E eu respondo que em Vila Rosali.
E ela me pergunta se eu a levaria até lá.
prometo que sim,
logo que o calor passar
ela pergunta pelo pai,

dela ou meu?

Percebendo o equívoco da dúvida,
apesar dos anos ainda me engano,
digo que está deitado em Lodz,
que foi morto na guerra,
pelos alemães.

E ela, vai ficando triste com todas estas notícias
que não sabia mais.

Insistindo no erro,
tentando a lógica incauta
de um tempo com direção,
querendo aliviá-la, digo que a vó se viva fosse,
teria hoje 130 anos.

Mal sucedido, insisto
que ela, a Malka, está viva,
graças a Deus,
até os cento e vinte anos
conversando conosco, bonita e inteligente.

Ela sorri, isto a faz feliz, ser bonita e inteligente.
E então pergunta
com quem se parece a neta Thais,
e quando digo que com ela e que passou na faculdade
Ela sorri novamente, e diz que
sempre fomos inteligentes,

uma família de rabinos,
de gente bonita,
uma boa família.

Parece que o bloco estancou
Ou entrou por uma rua lateral.

Nos levantamos, a mãe entre mim
e Silvana,
cada um de um lado.

Eu prefiro sempre segurá-la pelo braço imóvel
dobrado eternamente na mesma postura
como se carregasse para sempre
uma bolsa invisível.

Assim a suporto melhor
e impeço que caia.

9.

Guardadas pelas Cinzas, Poesias de Paul Celan

Edelyn Schweidson

Paul Celan escreveu seus poemas "em busca da realidade e ferido por ela"[1], sobrevivente que era ao massacre do seu povo, e à destruição do seu universo cultural de origem, em Czernowitz, na Bucovina, "onde pessoas e livros costumavam viver"[2].

Dedicou sua poesia, sua vida, a testemunhar pelos que foram assassinados e na sua voz abriram-se as vozes que Auschwitz silenciou, denunciando o crime e impedindo seu esquecimento. Sua escrita é também um alerta para os sinais de novas investidas da besta, que sua vulnerabilidade ferida de sobrevivente captava, sob seus disfarces. Escreveu a partir da sua dor particular de poeta judeu sobrevivente, e estendeu sua poesia a outras vozes impedidas por outros crimes, nos quais se expressava o mesmo ódio contra o humano, o mesmo antissemitismo.

Em seus poemas, as cinzas – que cristalizam em pedra o que é nelas sepulto, evitando sua dissolução – velam a memória dos nomes incinerados, "Todos os nomes, todos aqueles / nomes / queimados com o resto. Tanta / cinza a abençoar..."[3], permitindo que as palavras impedidas, ameaçadas de esquecimento, encontrem sua inscrição na memória, o caminho do cristal: "Você esquece você esquece / as palavras tornadas sílex no punho, / centelhas de pontuação / cristalizam / no teu pulso..."[4]. Assim como as vozes "entalhadas nas pautas verdes das águas"[5], a memória é preservada nas cinzas, nas águas e no

1 Paul Celan [1958], Speech on the Occasion of Receiving the Literature Prize of the Free Hanseatic City of Bremen, em *Selected Poems and Prose of Paul Celan*, organizado e traduzido por John Felstiner, New York: W. W. Norton, 2001, p. 395-396. As citações dos poemas são traduzidas pela autora com a inestimável colaboração de Johannes Kietshmer.

2 Idem, ibidem.

3 Idem [1963], Chymisch, em *Die Niemandsrose*, em *Poems of Paul Celan*, trad. Michael Hamburger, New York: Persea Books, 1972, p. 156.

4 Idem, Den verkieselten Spruch, em *Glottal Stop*: *101 Poems by Paul Celan*, trad. Nicolai Popov e Heather McHugh, Hanover, New Hampshire: University Press of New England, 2000, p. 31.

5 Idem [1959], Stimmen, em *Sprachgitter, em Selected Poems and Prose of Paul Celan*, p. 88-93.

próprio corpo do poeta ("Cosido sob a pele de minhas mãos: / teu nome consolado / por mãos"[6]) que a transmite.

Na Voz Materna

Sua mãe assassinada é sua interlocutora, com ela escreve seus poemas, neles pergunta-lhe o que teria acontecido, "despertar ou ferida"[7], se tivesse caído, com ela, nas neves da Ucrânia. Em "Der Reisekamarade"[8], as palavras da sua poesia são a voz da sua mãe:

> A alma da tua mãe te guia
> A alma da tua mãe te ajuda a circunavegar a noite, recife após recife,
> A alma da tua mãe chicoteia e afugenta os tubarões à tua frente.
> Esta palavra é o porta-voz da tua mãe
> O porta-voz da tua mãe comparte da tua cama, pedra sobre pedra
> O porta-voz da tua mãe curva-se para recolher a migalha de luz[9].

Compartilha o *Lager* da morte com sua mãe, que luta contra os assassinos para protegê-lo. Esta luta é sua poesia.

É nesta sua luta com e contra a língua que permitira o crime, que Celan descobre-se pertencente a uma tradição que os criminosos tentaram abolir, e identifica-se com sua comunidade de origem[10]. Busca renová-la e reconstituí-la através de laços afetivos, por ser-lhe uma comunidade de coração, o que lhe permitia dizer profundamente judia a sua esposa, de tradicional família católica francesa. Esta sua pertinência a um judaísmo de

6 Idem, Unter die Haut, em *Breathturn, Paul Celan*, trad. Pierre Joris, California: Sun & Moonm, 1995, p. 130.

7 Idem, Winter, em J. Felstiner, *Paul Celan: Poet, Survivor, Jew*, New York: Yale University Press, 1995, p. 16 (traduzido do inglês pela autora deste artigo).

8 Idem [1943], Der Reisekamarade, from Mohn und Gedächtnis [1952], em *Poems of Paul Celan*, trad. Michael Hamburger, New York: Persea Books, 1972, p. 72.

9 Há uma pletora de sentidos na escrita de Celan. Neste poema, a palavra usada para cama, por exemplo, "Lager", também tem o significado campo, numa referência ao campo de concentração onde foi morta sua mãe: com ela, divide sua morte. Com ela ressuscita e à língua, essas migalhas de luz entre as cinzas.

10 Jean Bollack, *Poésie contre poésie, Celan et la littérature*, Paris: PUF, 2001.

coração também se revela no uso que faz de uma frase da poeta russa Marina Tsvétaïeva que escrevera, na epígrafe de um poema: "Todos os poetas são judeus"[11]. A poeta usara um termo injurioso para referir-se a estes, que designa os perseguidos pelos *pogroms*, na Europa Oriental. Celan adiciona o termo "todos" à frase da poeta, fazendo-a assim extensiva aos proscritos e massacrados, identificados aos judeus através de sua história.

Língua Materna – Língua Assassina

Ao lutar contra a negação da história, Celan confrontou o alemão, língua que perseverava na sua tentativa de encobrir o crime. Esta língua era parte de uma tradição cultural que celebrava a violência contra o outro através de uma lírica que incitava ao combate. Amor e morte eram conjugados juntos, nesta tradição em que se matava o outro para melhor amar o mesmo[12]. "Hue, on tue", escrevera Celan, revelando como se naturalizara o extermínio do diferente.

As primeiras poesias e canções, o poeta ouvira-as no alemão materno. Na voz de sua mãe, protegeram-lhe a infância com a promessa de um mundo hospitaleiro.

Tenta consolar-se de sua perda, em poemas cujo lirismo evoca os que ouvira da sua mãe:

Álamo, tuas folhas miram brancas no escuro
O cabelo da minha mãe nunca encaneceu

Dente de leão, como é verde a Ucrânia,
Minha mãe de cabelos louros não voltou para casa

Nuvem de chuva, repousas sobre as fontes?
Minha mãe de voz suave chora por todos

Estrela redonda, recolhes o novelo de ouro,
O coração da minha mãe foi ferido por chumbo.

11 P. Celan, [1963], Et avec le livre de Taroussa, em *La Rose de Personne*, trad. do alemão por Martine Broda, edição bilíngue, Paris: Éditions José Corti, 2002, p. 144-145.

12 Andréa Lauterwein, *Paul Celan*, Paris: Belin, 2005.

> Porta de carvalho, quem te arrancou dos gonzos?
> Minha doce mãe não pode voltar[13].

Pergunta-lhe, em "Proximidade dos Túmulos":

> E podes ainda suportar, Mãe, como longe no tempo, ah, lá em casa,
> a rima delicada,
> a rima alemã,
> Aquela cheia de dor?[14]

Em "Flocos Negros", sua mãe lhe fala da Ucrânia, para onde a levaram seus assassinos:

> A neve caiu, sem luz. Uma lua
> Passou ou duas, desde que o outono sob seu manto de monge
> Trouxe, para mim também, o edito, uma folha dos planaltos da Ucrânia:
> "Lembre-se que é inverno aqui também, pela milésima vez agora
> Na terra em que fluem as torrentes mais caudalosas:
> O sangue sagrado de Ya´kov, abençoado pelos machados…
> Ah, gelo de vermelho não terrestre – seu algoz caminha com toda
> Sua tropa para dentro de sóis que escurecem… Ah, quem me dera
> um pano, filho,
> Para me enrolar nele, quando faíscam os capacetes,
> Quando arrebenta a ferida rósea, quando tempestades de neve peneiram
> Os ossos do teu pai, cascos esmagando
> A Canção do Cedro…
> Um xale, um pequenino xale ralo, para tê-lo
> Comigo, agora você está aprendendo a chorar junto comigo, a estreiteza
> Deste mundo que nunca reverdecerá, filho meu, para o teu filho"
> O outono sangrou-me todo até o fim, Mãe, a neve me queimou todo:
> Busquei meu coração, para que pudesse chorar, achei… ah, o hálito
> do verão

13 P. Celan [1952], Espenbaum, em *Mohn und Gedächtnis*, em *Selected Poems and Prose of Paul Celan*, p. 20.

14 Idem [1940-1943], Nähe der Gräbe, em *Early Poems*, em *Selected Poems and Prose of Paul Celan*, p. 10.

Era como tu.
Vieram-me as lágrimas. Teci o xale[15].

Ao prantear sua mãe, Celan pôde responder ao seu pedido: tece-lhe um poema na língua que fora sua, para protegê-la como ela o havia protegido.

Em sua escrita, a ferida que uma bala mortífera abrira na garganta de sua mãe transmuta-se em poesia: "a parada da glote está se abrindo em canção"[16]. Da vulnerabilidade ferida, jorra a poesia.

Essa ferida não quer cicatrizar: "um carpelo, grande como um olho e profundamente entalhado, sangra seiva e não cicatriza"[17].

Ao receber o prêmio literário da cidade de Brêmen, na Alemanha, em 1958, Celan denuncia a cumplicidade da língua com o crime:

> Ela, a língua, permaneceu, não perdida, sim, apesar de tudo. Mas teve de passar pela sua própria falta de respostas, através de um silenciar medonho, passar através das mil escuridões da fala que trazia a morte. Passou por isso e não deu nenhuma palavra de retorno pelo que havia acontecido. Passou por isso e pôde vir à luz novamente "enriquecida" por tudo isso[18].

Neste discurso, as *mil escuridões* trazem à memória o "Reich de Mil Anos"; decorridos esses "mil anos", a língua pôde reaparecer, como metal que vem das profundezas, "enriquecida"; Felstiner comenta que Celan empregara aspas para salientar "tanto a ironia como o sentido mineralógico da palavra: o fato de que certos metais concentram seu teor quando enterrados com outros. Até mesmo a palavra usada pelo poeta, 'enriquecida', *angereichert* enterra o *Reich* de Hitler dento de si"[19].

Celan confrontava um público alemão com os vestígios do passado recente. A língua que tinham desejado "pura" e da qual buscaram extirpar qualquer traço de outridade, havia sido contaminada pelo crime.

15 Idem [1940-1943] Scharze Flocken, em *Early Poems*, em *Selected Poems and Prose of Paul Celan*, p. 14-15.

16 Idem [1968], Frankfurt, September, em *Glottal Stop: 101 Poems by Paul Celan*, p. 37.

17 Idem [1959//2001] Stimmen, em *Sprachgitter*, em *Selected Poems and Prose of Paul Celan*, p. 88-93.

18 Idem [1958], Speech on the Occasion of Receiving the Literature Prize of the Free Hanseatic City of Bremen, em *Selected Poems and Prose of Paul Celan*, p. 395-396.

19 J. Felstiner, *Paul Celan*: *Poet, Survivor, Jew*, p. 115.

Em sua denuúncia da confiança traída dos que acreditaram que a língua era sua também, Celan reclamava para si o *não lugar* de excluído, que identificava com o fato de ser judeu:

> No ar, lá está tua raiz, lá,
> No ar [...]
> Grande,
> Vai lá no alto o Banido, o
> Queimado: um pomeraniano, em casa
> Na canção da infância que permaneceu maternal, sanguínea, florescente
> Às margens
> De todas as abruptas,
> Duras e gélidas sílabas invernais[20].

Em "Fuga da Morte"[21], poema que o notabilizou (em parte por sua compreensão equivocada), Celan justapõe duas figuras femininas, Margarete, de cabelos dourados e Sulamita, de cabelos de cinzas. O nome Margarete é referência à tradição literária alemã, por sua proximidade com Margarita, heroína do *Fausto* de Goethe, bem como a Maria, do qual deriva, referência à tradição cristã de antissemitismo, presente desde as origens, tanto no catolicismo como no luteranismo protestante. Estas tradições vão ser usadas pelo nazismo, que buscou extirpar Sulamita, "a raiz judia", do corpo da língua.

Hermetização da Poesia

A recepção a este poema, percebido como afirmação de um hífen entre a cultura alemã e a judia, com a maioria dos leitores "despercebidos" de que os cabelos de Sulamita tinham sido reduzidos a cinzas, revelava a Celan que o crime permanecia denegado e as condições que levaram à sua execução intocadas: "Fuga da Morte" foi celebrado como afirmativo de uma reconciliação, e usado para encobrir o que acontecera. Criticado por Adorno, para quem escrever poesia depois de Auschwitz seria um ato de barbárie

20 P. Celan, [1967] In der Luft, em Atemwende, em *Poems of Paul Celan*, trad. Michael Hamburger, p. 226-229.

21 Idem, [1952], Todesfuge, em *Mon und Gedächtnis*, em *Poems of Paul Celan*, trad. Michael Hamburger, p. 62-65.

e um modo de estetizar o horror, o poeta tornou sua poesia cada vez mais elíptica, a fim de impedir que fosse novamente usada para negar o horror.

Celan passou a trabalhar a língua a nível molecular, escavando-a para revelar os rastros do crime, a tradição que o permitira, a dor e a violência enterradas entre as palavras. Esta língua que tentara extrair de si toda a diferença, tornara-se ela própria vítima da loucura nazista de acreditar possível a redução de tudo ao Um purificado. Sem o outro que lhe é fundamento, a língua teve que se voltar contra ela própria, destruindo-se: "Uma palavra, um cadáver"[22], o poeta escreve, ao revelar a língua despedaçada – do mesmo modo que ela permitira despedaçar suas vítimas – onde o humano não se sustenta e se torna "o hu-, o hu-, o hu-mano"[23] e o *humanóide* (Menschlein)[24], e onde palavras da ordem do sacro são decompostas, como Osana em "O, o, o, sana"[25].

Repetidamente afirmou sua poesia como fiel aos acontecimentos, contra os que a diziam indecifrável. O aniquilamento do humano teria tornado necessário buscar seus vestígios naquilo a que fora reduzido, à matéria inorgânica como as cinzas. Daí a crescente desmetaforização em seus poemas: em constante referência ao que aconteceu, a sua poesia traz a ausência traumática do sujeito, numa paisagem desolada onde as cinzas, o gelo, as ruínas dominam e qualquer metáfora esconderia a verdade. Ao lê-lo, o sentido metafórico habitual de certas expressões precisa ser esquecido, porque ele as usa literalmente: "as palavras tornadas sílex no punho, // fagulhas de pontuação / cristalizam / no teu pulso //"[26]. A língua que guardou a memória da catástrofe junto com as vozes emudecidas, ter-se-ia transformado em pedra, fóssil conservado pelas cinzas.

Ao dissecar a língua para encontrar as vozes, Celan também tenta reavivar as palavras inermes, adubá-las com os restos e o sangue extirpados, a fim de que de novo germinasse. Busca o que foi expulso: "Perdi uma palavra /

22 Idem, [1955], Nächtlich Geschürtzt, em *Von Schwelle zu Schwelle*, em *Poems of Paul Celan*, p. 92-93.

23 Idem [1963], ...Rauscht der Brunnen, em *Die Niemands Rose*, em *Poems of Paul Celan*, p. 186-187.

24 Idem [1963], Einem, em *Die Niemandsrose*, em *Selected Poems and Prose of Paul Celan*, p.170.

25 Idem [1959], Engführung, em *Sprachgitter*, em *Selected Poems and Prose of Paul Celan*, p.118-131.

26 Idem, Den verkieselten Spruch, em *Glottal Stop: 101 Poems by Paul Celan*, p. 31.

que me haviam deixado: / Irmã", "Através / da eclusa tive que passar, / para salvar a palavra de volta / e para fora e através do rio de sal: *Yizkor*"[27].

Para o poeta, a irmã é a mulher judia da sua comunidade de origem, sua mãe também – a quem se refere como "tu que também me és uma irmã" – a Sulamita de cabelos incinerados: ele a havia perdido e à palavra que a designava. A palavra hebraica, *Yizkor*, teve que ser salva das águas, passar pelas lágrimas, a fim de ser recuperada, ela que significa memória, "Que Ele se lembre", identificando um serviço *in memoriam*. Celan salva a palavra banida junto com aqueles a quem ela mais pertenceu, por terem a mesma raiz hebraica ("Raiz. / Raiz de Abrahão. Raiz de Jesse. Raiz / de ninguém – oh / a nossa"[28]), extirpada também, ("No ar, lá fica a tua raiz, lá, / no ar [...]"[29]) e busca devolvê-la ao alemão, a fim de permitir-lhe alguma reparação: a língua teria que se abrir às raízes extirpadas, às palavras estrangeiras que impedira, termos em ídiche e hebraico que Celan enxerta no alemão. Busca retirar a língua dos seus algozes e refazê-la, para que viesse a ser uma língua em que o horror pudesse ser dito, que evidenciasse a ausência dos que extirpara de si. Busca as vozes:

> *Vozes*, talhadas nas
> Pautas verdes das águas [...]
> [...]
> *Vozes* que fazem teu coração
> Recolher-se no coração da tua mãe [...]
> [...]
> *Vozes* das urtigas do caminho:
> Caminha até nós sobre tuas mãos [...] [30].

Para encontrá-las, feriu as suas mãos nas urtigas, no caminho dos poemas. O leitor teria que se permitir a sua vulnerabilidade, deixar-se ferir, para lê-lo.

27 Idem [1963], Die Schleuse, em *Die Niemandsrose*, em *Selected Poems and Prose of Paul Celan*, p. 150.

28 Idem [1963], Radix, Matrix em *Die Niemandsrose*, em *Poems of Paul Celan*, p.164.

29 Idem [1963], In der Luft, em *Die Niemandsrose*, em *Poems of Paul Celan*, p. 200.

30 Idem [1959//2001], Stimmen, em *Sprachgitter*, em *Selected Poems and Prose of Paul Celan*, p. 88-93.

Só pessoas verdadeiras têm mãos que podem escrever poemas, Celan nos diz, e, por isso, acrescenta, há tão poucos poemas hoje em dia. Para ele, o poema é uma questão de mãos, um aperto de mãos, dizia. "Nada de *poiesis* e demais frivolidades"[31], escreveu, numa crítica aberta ao pensamento de Heidegger.

O Encontro com Heidegger

O filósofo havia aderido entusiasticamente ao nazismo e nunca dissera nada a respeito, passada a guerra. Do mesmo modo que a língua se prestara aos crimes, o filósofo prestara-lhes as bases filosóficas. Celan queria provocar alguma palavra de sua parte, que ajudasse na luta contra uma nova ameaça crescente de antissemitismo. Por sua grande influência, teria peso o que o pensador dissesse sobre seu envolvimento com o nazismo. Em distintos momentos, Celan pede-lhe uma palavra. Esta não veio, o filósofo mantinha seu silêncio cúmplice. No entanto comentou, de modo a ser registrado, que o poeta estava irrecuperavelmente doente. Para o pensador, Celan seria o herdeiro de um legado poético alemão, e não um poeta judeu que reivindicava sua exclusão e seu direito a escrever na língua alemã tanto para judeus como para não judeus. Contra a sua linhagem de escolha, a judaico-eslava, contra a sua filiação de escolha, a Mandelstam (poeta judeu que sofrera a perseguição stalinista e no qual Celan descobrira um interlocutor privilegiado), o filósofo e seus seguidores impunham-lhe a linhagem germano-ocidental, apagando o que de autobiográfico havia em sua obra, as referências aos campos de concentração e ao que aconteceu – presentes em todas as linhas do que escreve, como ele próprio afirma –, assim negando o seu empenho de revelar, através da sua poesia, a responsabilidade da língua alemã e de toda a tradição germano-ocidental pelo acontecimento. Ao buscar anexar Celan à tradição germânica que fala da dor humana universal e do homem em geral, o pensador e seus discípulos deturpam o sentido que ele dá à sua obra, que afirma como particular, oriunda da sua dor e revolta pelo que aconteceu e que tem sua data, reveladora da singularidade do sujeito do poema que é histórico. Para o filósofo, não há o sujeito do poema, que decide sobre o que

31 P. Celan, [1960], Carta para Hans Bender, em *Paul Celan Collected Prose*, New York: The Sheep Meadow Press, 1986, p. 25-26.

escreve a partir de um horizonte histórico dado, mas antes a língua do Ser, que fala através do poeta. De modo que este nada poderia dizer sobre o que escreve, reduzindo-se a mero porta-voz de algo maior, a tradição germânica, para o pensador, via régia para a manifestação do Ser, que apenas faz uso dos poetas.

O filósofo mantinha o seu silêncio público. Seus seguidores o justificavam dizendo que seria indigno falar de coisas desagradáveis, que deviam ser esquecidas. No entanto, ocasiões revelavam o que seu silêncio escondia. Ao ler a tradução que Celan havia feito de poemas de Mandelstam, onde expressões em ídiche são usadas, o pensador comentou que não entendia esta língua estrangeira. Quando Marcuse lembrou-lhe que o nazismo tinha assassinado milhões de judeus, o filósofo respondeu que, no lugar de judeus, dever-se-ia colocar alemães do leste.

No seu texto em prosa *Conversa na Montanha*[32], Celan dirige uma crítica mordaz ao mestre de Freiburg e seu antissemitismo. Escreve que um dia em que o sol e muito mais do que ele havia desaparecido, dois judeus se encontram para conversar, em busca de uma língua que não os excluísse, nem ao que é humano.

O pensador considerava os judeus e suas peculiaridades linguísticas como excluídos da língua do Ser e do seu meio de expressão privilegiado, a língua alemã, na qual só reconhecia as raízes gregas. No texto em prosa, o narrador tece comentários que repetem clichês antissemitas em voga. Como em muitos de seus poemas, Celan entra na pele dos antissemitas e reproduz seus preconceitos odientos, entranhados na língua. Encontra-se neste escrito a oposição que faz o poeta entre a fala (*Sprache*) e a conversa ou discurso (*Rede*), que só é usado para referir-se ao que os seres humanos conversam entre si: a fala (*die Sprache*) exclui o judeu, por ser uma língua da natureza, que a pedra usa, – "estaria do lado de Heidegger, [...] de uma tradição que reenvia ao destino grego e sobretudo a uma filosofia que põe o sujeito diretamente na língua e apaga o discurso. Mas *reden*, falar, no sentido de conversar, ligado a *die Rede*, o discurso, está do lado [...] do diálogo, cujo elemento judaico é um paradigma em Celan"[33]. A pedra usa a fala (*Sprache*) porque apenas se dirige a um ser que se chama Tumescutas, mudo e surdo, que não responde: "Tumescutas não diz nada, não res-

32 Idem, *Entretien dans la montagne*, traduzido do alemão por Stéphane Mosès, France: Verdier, 2001.

33 Henry Meschonnic, *Critique du Rythme*, France: Verdier, 1982, p. 456.

ponde, [...] [é língua que] não é para os seres humanos"[34]. O *Rede*, por sua vez, é a conversa, onde se encontram os judeus faladores, que não estão em casa na língua do Ser, onde habita o mesmo e não há lugar para o outro. Muitos recados estavam sendo enviados para o filósofo, mas este, como de costume, não os ouvia, que nem o Tumescutas, que a pedra tentara endereçar.

Em suas poesias, Celan nos lega sua denúncia ao pensador e ao acontecimento do qual este participara entusiasmado, sem nunca retratar-se. Ao enviar seu poema "Todtnauberg" (A Montanha da Morte)[35] para Heidegger, o poeta introduziu-o com as linhas seguintes, do seu poema "Vozes":

> *Vozes* das urtigas do caminho:
> Caminha até nós sobre tuas mãos.
> Tudo o que se pode ler, sozinho,
> Sob a lâmpada, é a tua palma.

Insta o pensador a lê-lo fazendo o mesmo percurso da sua escrita, o caminho das urtigas, caminhando sobre as mãos e permitindo ferir-se.

Entre os papéis de Celan, depois de sua morte, encontrou-se o rascunho não datado de uma carta ao pensador, provavelmente escrita no inverno de 1969/1970, que faz ainda mais clara e contundente a sua denúncia:

> Heidegger [...] que por vosso comportamento, enfraqueceis de modo decisivo o fato da poesia e – tenho a audácia de pensá-lo – na sua pretensão comum e grave à responsabilidade, o fato do pensamento[36].

Houve outras denúncias ao nazismo do filósofo. Ao visitá-lo, na Floresta Negra, Celan escreveu umas linhas no livro dos hóspedes, que depois desenvolveu no poema "Todtnauberg", no qual pergunta: "no livro / – que nomes havia / antes do meu?"[37]. Celan assim denunciava a frequentação habitual de ("ex"?) nazistas a Heidegger, muitos anos após a guerra. A palavra de Heidegger, pedida pelo poeta e que não veio, denunciava-se, no seu silenciar, como continuando a estar comprometida com o nazismo.

34 P. Celan, *Entretien dans la montagne*, p. 17.

35 Idem, [1968], Todtnauberg, em *Fadensonnen*, em *Selected Poems and Prose of Paul Celan*, p. 314.

36 A. Lauterwein, op. cit., p. 197.

37 Idem, p. 189.

Em poema não publicado, "Wohfsbone", Celan dirige-se à sua mãe:

> Ontem um deles veio e te matou uma segunda vez em meu poema.
> [...] Que mão eu apertei quando com tuas palavras eu fui à Alemanha? [...]
> Ninguém intercepta a fala dos assassinos [...][38]

Como em "Todtnauberg", através de pergunta retórica que na sua obra equivale a uma afirmação, aqui Celan denuncia, com a sua pergunta, o fato de que na Alemanha pós-guerra, eram os nazistas a frequentarem a poesia, a dominarem a língua, a recusar-se a reconhecer a voz da sua mãe assassinada por eles.

A Indiferença

Em seu discurso ao receber o prêmio Büchner de literatura em 1960, Celan menciona Lenz, personagem de Büchner que enceta um caminhar pelas montanhas, num 20 de janeiro, data do encontro de Celan com ele próprio, na sua condição e escolha de ser judeu[39]. Lenz queria andar sobre sua cabeça e Celan comenta: "quem anda assim sobre a cabeça, vê o céu se abrir sob seus pés, como um abismo"[40]. Este céu abismo recorre, em sua poesia: para ele, foram desterradas as raízes de seu povo, transformado em fumaça. Em outro momento histórico, este céu abismo se espelhou no canal Landwehr, mencionado em um de seus poemas sobre Rosa Luxemburgo – neste canal, soldados alemães, seus assassinos, a jogaram, em 1919: "A mulher, a porca / teve que nadar, por ela, por ninguém, por todos / O Canal Landwehr nem murmurou. / Nada / para"[41].

38 P. Celan, Wolfsbohne, em *Uncollected Poems*, em *Selected Poems and Prose of Paul Celan*, p. 380-385.

39 O encontro do poeta consigo mesmo como poeta judeu se dera num 20 de janeiro, o de 1942, quando foi decidida, em Wansee, a solução final de eliminar todo o povo judeu. Os poemas de Celan têm todos esta data, como referência última. Cf. Bollak, op. cit.

40 P. Celan [1960], Speech on the Occasion of Receiving the Literature Prize of the Free Hanseatic City of Bremen, em *Selected Poems and Prose of Paul Celan*, p. 395-396.

41 Idem [1971], Du liegst in Schneepart, em *Selected Poems and Prose of Paul Celan*, p. 328.

Como o céu abismo, este canal era lugar para dissolver rastros e impedir a memória histórica. A indiferença do canal espelharia a indiferença do mundo para com o crime. Os soldados alemães chamaram Rosa de porca, como na expressão "judia porca", de uso corrente entre antissemitas. Celan traz a palavra abjeta para dentro do seu poema, que testemunha o crime e a indiferença.

Rosa Luxemburgo está presente em outros poemas, como "Coagula":

> E a tua ferida / também, Rosa
> E a luz dos chifres dos teus
> Búfalos romenos[...][42]

A referência é a uma entrada no seu diário, em 1917, em que Rosa descreve o que vira da janela da sua prisão: búfalos romenos, capturados para servirem de animais de tração, brutalmente espancados por soldados alemães, que tentavam forçá-los a passar sob portões, para entrarem no pátio da prisão. Os búfalos, mais altos do que os portões, não conseguiam passar e os golpes que recebiam eram tão terríveis, que sangue jorrava das suas feridas. Rosa comenta quanta dor eles não deviam sentir: sua couraça duríssima tinha sido rompida pela força dos golpes[43].

Solidário com toda a dor coagulada na imagem dos búfalos feridos que Rosa descreve, Celan a testemunha. A dor era de Rosa também, e dele.

Em "Solve"[44], poema que antecede "Coagula", há nas águas a escrita que é salva, que deslizou desgarrada dos incontáveis e indizíveis nomes a serem pronunciados. Apenas a escrita se salva e estaria guardada na areia, nas cinzas, na água.

Em "Areia das Urnas"[45] Celan exprimiu a esperança de que suas memórias fossem preservadas nas poesias, como a urna preserva as cinzas.

42 Idem [1967], Coagula, em *Atemwende*, em *Selected Poems and Prose of Paul Celan*, p.270.

43 J. Felstiner, op. cit.

44 P. Celan [1967], Solve, em *Atemwende*, em *Selected Poems and Prose of Paul Celan*, p. 269.

45 Idem [1952], Der Sand aus den Urnen, em *Mohn und Gedächtnis*, p. 22.

Poesia Contra-Poesia

Guardiã da memória contra os negacionistas, a poesia também seria um sopro cuja direção vira (*Atemwende*), num ir na contramão. Sobre a peça de Büchner *A Morte de Danton*, Celan[46] escreve que a poesia aí se encontra representada por Lucille, personagem histórica que, diante do cadafalso, onde tantas cabeças haviam rolado em nome dos direitos universais do homem, sob o comando das palavras de ordem "liberdade, igualdade, fraternidade", exclamara: "Viva o rei!" Lucille vai na direção da morte, chama-a a si, na contramão da história, na direção que é a do poema – sopro e forma – , que segue a singularidade do caminho de cada criatura.

Na sua poesia, Celan vai contra a história oficial, denuncia as cinzas que se ocultam sob o brilho das palavras de ordem. A palavra de Lucille teria sido uma contrapalavra, "que não faz reverência para [...] os cavalos de parada da história", é um ato de liberdade. É um passo. Continua: "aqui não há homenagem à monarquia ou a algum Ontem que se possa preservar. A homenagem é à Sua Majestade o Absurdo, testemunhando a presença humana"[47].

Atento aos sinais, Celan desconstruía discursos virtuosos, apontando para o que comemorações escondem, denunciando o fato de que mesmo uma retórica de esquerda pode ser usada para ocultar o horror. É dele a expressão "nibelunguianos de esquerda"[48], referência ao que parece correto politicamente, mas sob o qual escondem-se novas versões de antigas intolerâncias e antissemitismos. Afinal, o crime pode esconder-se sob qualquer disfarce.

Escreve, em "La Contrescarpe":

> Chegando a Berlim,
> Via Cracóvia,
> Uma plumagem de fumaça te recebeu, na estação.
> Era a fumaça do amanhã, já então [...] você viu as facas erectas, de novo,
> Aguçadas pela distância. Havia um baile (Quatorze juillets. E nove mais).
> Enrolado numa bandeira, o Senhor apareceu para o rebanho. Levou
> Um belo souvenir: um instantâneo. O autodisparo era você.

46 Idem [1961], The Meridian Speech on the Occasion of the Award of the Georg Büchner Prize, em *Selected Poems and Prose of Paul Celan*, p. 401-414.

47 Idem, p. 403.

48 A. Lauterwein, op. cit.

Ah, este fazer amigos. E apesar disso, de novo, conheces o teu destino
– aquele cristal preciso[49].

A referência é a duas viagens do poeta à França: na primeira, em 1938, seu trem parou na estação da estrada de ferro de Berlim, na manhã seguinte à Noite dos Cristais (9 e 10 de novembro de 1938). Nesta noite, a Noite dos Cristais, nazistas atacaram sinagogas, casas comerciais, escolas e lares judeus em toda a Alemanha. Em 1948, Celan chega novamente a Paris, à praça da Contrescarpe. O poema parece referir-se ao 14 de julho de 1948 (nove outros haviam transcorrido desde 1938). "Esta série de 14 de julho privados e dolorosos"[50], "parece representar um amargo e irônico comentário de Celan sobre as esperanças de emancipação levantadas pela Revolução Francesa (a série dos seus aniversários públicos vem atravessando muitos horrores, e o Holocausto)"[51]. O poema alerta para o fato de que as massas inconscientemente festivas podem ser levadas a orgias de ódio e de destruição. Também há um recado de que os crimes históricos são facilmente esquecidos e que podem repetir-se. Popov assinala que Celan não se protege com os seus poemas, porque não há neles distância histórica ou estética: "um cristal de memória e sopro, ele sempre habita na iminência da Noite dos Cristais. O passado é sempre iminente. Ainda mais que Deus carrega uma bandeira, como os políticos, e a máquina fotográfica típica de um turista"[52].

Em maio de 1968, quando da revolta dos estudantes, Celan caminhou pelas ruas com o seu filho Eric, e cantou a Internacional e outras canções revolucionárias em russo, ídiche e francês. Porém, quando viu os estudantes imitarem a saudação nazista, e cartazes que mostravam a polícia francesa como se fosse a ss e a De Gaulle brandindo a suástica, o poeta comentou que não era tão simples assim. Naquele momento, percebeu a ameaça do fanatismo revolucionário em Paris. Escreveu "Para Eric":

Iluminada
Uma consciência golpeia através
Do igualar irritante

49 P. Celan [1963], La Contrescarpe, em *La Rose de personne*, tradução do alemão por Martine Broda, edição bilíngue, Paris: Ponts, 2007, p. 134-143.

50 N. Popov, M. Heather, op. cit.

51 Idem, p. 115.

52 Idem, p. 116.

Deste e daquele lado
Assim como você, meu filho,
Minha mão (contigo) que faz flecha[53].

Diz-nos Bollack que Celan não escreveu exclusiva nem primordialmente para judeus, mas sempre enquanto judeu e solidarizando-se com os que o eram, de modo militante: escreveu para preservar a força e a gravidade do que aconteceu na Alemanha e em outros lugares. Com este intuito, foi buscar entre os mortos o que lhes foi interditado de dizer, o que incineraram. Trouxe o que encontrou no reino da morte para o poema, a fim de lutar através dele contra os que propunham o esquecimento e a denegação. Não quis que a ferida cicatrizasse nem que gestos de conciliação fossem usados a fim de não confrontar o crime. A língua alemã e toda a tradição germano-ocidental em que se insere teriam que ser confrontadas com a sua participação no que aconteceu, um trabalho com a língua e contra ela teria de ser feito, a fim de impedir que o passado viesse a se repetir.

Como Lucille no caminho do cadafalso, Celan escreve expondo-se a golpes. Vieram-lhe, de muitos lados. Havia os que, com Gadamer, buscavam "reteologizar" suas denúncias a favor de crenças correntes, havia o antissemitismo profundo que se expressava através da recusa ao seu direito de falar enquanto judeu em nome dos alemães, fossem eles judeus ou não, como reivindicava. Houve também os que louvaram os poemas de Celan como ajudando a "compreender, aceitar e relevar as forças sombrias de nossa história". O fato de seu sionismo incomodar levou muitos a negá-lo, como no comentário de Martine Broda aos poemas em que Celan louva Jerusalém, de que certamente a referência era a uma Jerusalém escatológica. Traduções dos poemas desrespeitaram o seu sentido, chegando mesmo a inverter o que diziam. O poema "Tenebrae", por exemplo, teve o seu verso "Reze para nós, Senhor", considerado blasfêmia, traduzido em português para "Rogue por nós, Senhor".

A poesia de Celan incomoda por permanecer fiel ao seu anarquismo e à sua crítica ao que desrespeita o humano. Sua lucidez impedia-lhe qualquer entusiasmo cego. Ao escrever sobre Jerusalém, apesar de sua admiração, o poeta menciona as torres, que para ele significam a prepotência do poder, e lembra que do alto delas ele comera a lama das palavras. Haveria

53 P. Celan [1971], Für Eric, em *Schneepart*, em *Selected Poems and Prose of Paul Celan*, p. 340.

que manter a vigilância contra as torres que quebram as palavras, contra o risco de hinos que celebram a vitória sobre o silêncio dos vencidos.

Ao tentar anexá-lo a diferentes interpretações da história e ideologias, revela-se que a poesia de Celan falta a todas: na sua tentativa de fechar a ferida do século, buscam fazê-la instrumento de sua cicatrização[54]. Porém, ela se recusa a estas manobras, por se fazer sobre os espinhos e sangrar, em busca do nome que diga o ganho de um mundo ferido. O que aconteceu não foi ganho pelas palavras, estamos à sombra da ferida. O negacionismo foi decretado como crime em muitos lugares, porém avultam as manobras para impedir a menção do acontecido. Em seu nome, abrem-se novas frentes contra o outro. A fenda que a experiência traumática abriu no tempo, no vazio da memória e da palavra, ameaça ser renovada. Em muitos lugares, o passado não foi confrontado ou trabalhado. A poesia de Celan revela que a consciência tem que manter sua vigília.

Houve também os que advogaram uma reconciliação geral, antes de qualquer tentativa de reparação pelo crime. Em "Coro das Pedras", Nelly Sachs, também sobrevivente, escreveu "Nós pedras [...] Quem nos levanta / levanta milhões de memórias". Celan respondeu duramente: "Qualquer pedra que você levanta / você expõe / os que precisam da proteção das pedras/ / Qualquer palavra que você fala / você a deve / à destruição [...]"[55]. Isto porque rituais e palavras ficaram marcados pelo acontecimento, questionando a possibilidade da linguagem e da reconciliação, do endereçamento e do testemunho.

Quando da sua primeira visita a Israel, em 1969, Celan falou da língua criada por todos, habitada por dentro, reavivada, em que cada palavra era conquistada do deserto, trazida para o hebraico a partir de experiências e emoções vividas. Nela, cada nova palavra é impregnada de um significado que foi sentido por ele próprio e que acorre a fortalecer quem para ela se volta[56]. O poeta quis trazer esta possibilidade ao alemão, libertá-lo dos criminosos, chamá-lo à vida, abri-lo para o outro, e fazer com que as raízes etimológicas que buscava Heidegger pudessem ser percebidas não no subsolo, e sim nas ramagens que crescem, impelidas pelos tempos, levadas pelas raízes, e que tocam outros ramos, ramo novo e ramo antigo trocando anéis, novas alianças, onde a poesia denuncia as torres da prepotência e os aços da guerra, num trabalho incessante da memória contra as repetições.

54 Eduardo Vidal em comunicação pessoal à autora.

55 J. Felstiner, op. cit., p. 155-156.

56 P. Celan [1969], Speech to the Hebrew Writers Association, em *Selected Poems and Prose of Paul Celan*, p. 414.

Em "Es war Erde in ihnen"[57], as mãos de um *eu* e de um *tu* escavam em direção um do outro, e no dedo acende-se o anel.

Devolver a história proscrita à história, uma aliança um dia talvez viesse a ser possível, quando recobradas as raízes extirpadas, à luz do respeito pelo outro e haveria resposta, mesmo se tantas vezes os céus se escureceram e as estrelas foram alvos das balas. Como Kafka, na insônia da sua lucidez, Celan parece dizer-nos que há muita esperança, embora não para ele, em um futuro de canções a serem cantadas, restos deixados por uma humanidade desaparecida, talvez aquela que foi apenas nome abstrato, sem mãos verdadeiras para a transmissão dos poemas. "O mundo desapareceu, eu tenho que te portar", e às vozes que me confiaram os seus cantos, o seu silêncio.

Contra a indiferença e o esquecimento, libertando as vozes impedidas do passado, de dentro da ferida do mundo, sob a sombra do estigma no ar, a sua poesia sustenta o humano e a promessa, esperança violenta sob a ponte dos braços, sobre a fenda aberta no mundo, porque murmura o Sena, onde se jogou Celan em 1970 talvez por se saber incompreendido, ele que dedicara sua vida e escrita à leitura dos rastros, ao deciframento dos sinais, à preservação da memória. Hoje são muitos os que se devotam a fazer-nos chegar às mãos, no caminho das urtigas, os poemas de Celan, urnas que guardam as cinzas, pautas verdes da água onde as vozes permaneceram entalhadas, sustentando a esperança de que a indiferença e o esquecimento não serão vencedores, que o Sena continuará a murmurar, como não murmurou por Rosa Luxemburgo o canal Landwehr.

57 Idem [1963], Es war Erde in ihnen, em *Die Niemadsrose*, em *Selected Poems and Prose of Paul Celan*, p. 134.

10.

Fagulhas sobre as Cinzas

J. Guinsburg

O título que dei a esta palestra pode sugerir que vejo o destino do ídiche e de sua cultura, na era pós-Schoá, como meras faíscas que ainda riscam o ar da existência com seus fracos lampejos, restos de uma imensa pira sacrificial em que os deuses do ódio, do preconceito, do racismo e das psiques doentias que procuraram o seu resgate entre outros malfeitos no extermínio de todo um enorme segmento do povo de Israel, na impossibilidade de aniquilar o que lhes escapava geograficamente, incineraram raiz e semente do tronco espiritual e linguístico do corpo vivo de Aschkenaz, na sua especificidade cultural e nas possibilidades de uma rearticulação das vozes de seu ser.

Mas não é o que penso efetivamente. Pois, embora análises de caráter sociolinguístico, fundamentadas em dados estatísticos sobre o número de falantes, no tocante ao veículo utilizado e às formas de sua comunicação cultural, tenham corroborado quantitativamente o caráter quase mortal do golpe infligido ao ídiche, a "língua assassinada", como quis o poeta, demonstrou, nos cinquenta anos que se seguiram à Segunda Guerra Mundial e ao extermínio das comunidades que definiram e se definiam vitalmente pelo ídiche e pela *idischkait*, um poder de sobrevida que nos obriga a suspender um juízo definitivo.

Mesmo se se considera que o idioma da rua judaica de Aschkenaz tenha se tornado, em parte, uma muda de cultivo acadêmico, sendo ensinado em sua forma oral e escrita a classes de estudantes interessados que o praticam como grupos de iniciados, ao mesmo tempo em que se faz objeto de pesquisa e estudo de *scholars*; e se, além disso, se tem em conta que, como relação interpessoal e comunitária, o ídiche continua sendo utilizado por congregações bastante numerosas de judeus ortodoxos – sobretudo de extração neo-hassídica, isto é, com vínculos orgânicos com o movimento hassídico da Europa Oriental, os quais se servem dele apenas para a veiculação fática e até certo ponto exegética –, mesmo assim não se pode esquecer que, não só o ídiche continua bruxuleando em comunidades que recobraram sua liberdade de expressão, em vários Estados da antiga União Soviética, e que, nas quase seis décadas de seu recente estádio, ele fecundou uma significativa produção literária e artística nos principais polos da diáspora aschkenazita.

Mas, caberá perguntar, de que caráter tem sido essa produção? A resposta talvez não seja tão animadora quanto seria de esperar de uma seiva linguística normal e florescente nas suas funções expressivas. Isto porque seu grande referencial, o foco temático de suas objetivas, ficou voltado, em grande parte, para o passado como memória de vida ou para a terrível experiência e os efeitos da Schoá na existência individual e coletiva de seus locutores, mais do que, como ocorria em seu período anterior à Segunda Grande Guerra, para as vivências de um presente em suas formas e problemas, conflitos e aspirações, crises e consecuções em curso, inclusive quando captados retrospectivamente em moldes históricos. Ora, ao sair dos campos de concentração ou dos grupos de resistência, dos escassos refúgios de massa e dos uniformes dos exércitos combatentes, o ídiche, com suas forças produtivas e seus fatores reprodutivos, procurou reorganizar-se. Com o alento que pôde recuperar nos grandes desaguadouros da imigração aschkezanita dos séculos XIX ou XX, quer nos Estados Unidos, Canadá, Argentina e em alguns outros países, quer, naturalmente, no emergente Estado de Israel, ele foi levado, por processos inerentes à sua condição de sobrevivente, a concentrar parcela preponderante de suas manifestações literárias, por exemplo, no que foi e deixou de ser em seu velho torrão leste-europeu, ou seja, numa escritura da memória, ainda que, muitas vezes, nas suas presentificações mais modernas. E isto tanto mais quanto, inevitavelmente, ela se apresenta associada ou contraposta à inenarrável e inesgotável experiência do cataclismo do terrificante esmagamento daquele universo, não só na sua condição judaica, como na humana. Portanto, o ídiche vê-se, mais uma vez, presa da memória, de seu trágico e recente passado, com eventualmente alguns poucos claros por onde respirar a atualidade vivida e realizada como veículo de uma coletividade idichiófona.

A esta luz, e na medida em que a messe atual ainda não deu origem a uma vigorosa e marcante frutificação de sua especificidade e que, afora esforços louváveis, mas restritos – em sua grande parte plantas universitárias ou religiosas de pouco viço – não é possível detectar no futuro do ídiche a seiva de um renascimento. É verdade que língua de fusão, transplantada e lavrada nas mais diversas condições, acalentada pelos sonhos cabalísticos e messiânicos de um grupo humano que, ao longo de sua trajetória quadrimilenar, sempre divisou nos céus de suas diásporas a estrela da redenção e a sua mensagem de que em si mesma "a queda contém a ressurreição", o ídiche não pode ser considerado ainda, a esta altura, uma língua de dicionário, um verbo cessante ou silente. Das cinzas, sob as quais se viu soterrado, continuam a ser lançadas fagulhas que, se não portam o seu hoje, iluminam vivamente o seu ontem, como algumas fagulhas que se irradiam de sua poesia em um dos momentos mais cruciantes de seu existir. Por isso, quero terminar com os versos, não dos que, mais tarde, se debruçaram elegiacamente sobre o que restou, mas daqueles que viveram em suas veias a pulsação da palavra do insondável.

Não sei se das cinzas dos crematórios ainda saem fagulhas, mas estou certo de que, sob os estertores da agonia, ainda crepita a chama da resistência e da luta de um povo, na certeza de que, seladas todas as portas, ele não trilhava o derradeiro caminho, e de que no desespero do fim cintilava a esperança do começo – são lampejos que recortam esses versos e fazem chegar até nós, ainda que em tradução, o estro da palavra ídiche.

Hirsch Glick

(1922 – assassinado pela Gestapo em 1944)

A Balada do Teatro Pardo
(Espetáculo no Cárcere de Lukichk)

Ilumina o tablado, Pai Shakespeare!
Para a nova Europa, uma nova arte erudita.
E aguça – ó mundo – o teu ouvido surdo e escuta esta balada.

Começamos a transmitir a audição…
Sem cenários nem cartazes,
atrás de muros, atrás de grades,

primeiro ato de nosso drama:
Uma dama branca como neve
abraçada por um negro cavalheiro
comanda o público que respira opresso:

Achtung!

Atenção, fileiras de mortos!
Sem murmúrios, nem clamores,
que se apresente o mais jovem dos defuntos…
E que ele cante o hino do Horst Wessel
e que o público faça o juramento:
de tudo aquilo que irá ver e logo ouvir
até o galo em seu canto vai calar!

. . . .

Um toque…
A lua de novo introduziu uma língua prateada
na cela mais escura.
Rostos cor de mate, faces macilentas,
com eletricidade nos joelhos,
mil olhos faiscando…

Segundo ato de nosso drama.
Agora a dama não atua.
Ao lado surge o diretor de cena
na pessoa do negro cavalheiro.

Sobre a negra flâmula do cenário
estendem-se paisagens verdejantes,
as montanhas são bosques no horizonte,
e de perto ouve-se um ruído...
Do estábulo aparecem pássaros,
circulando alto sobre o vale
onde cresce uma jovem cidade.
Como sob firmes passos de soldado
balança a ponte esverdeada
para frente, para trás, para frente, para trás...
Os ruídos tornam-se zumbidos,
tanques banham-se em flores.
Algo vem e está em devir.
Das lágrimas brota alegria...

Mil olhos faiscando,
com eletricidade nos joelhos,
todos os lábios, todos os peitos,
todos os membros, desejando, desejando,
exclamar num só brado: hurra! hurra!

Cra... Cra... Cra...
Fere de repente o grito de um corvo.
Ergue-se a negra flâmula
desfraldada na mão do diretor –
o negro cavalheiro acende as luzes:
– Depressa, daí a mortalha!
Avermelhai o mundo, em toda a sua esfera.
Morte aos judeus!, grita ele e rosna...
Antes que Timochenko venha!
Lençol negro esvoaçando...
Cai o pano do teatro...

Ó mundo ensurdecido, dormes um sono tão pesado!
Ó testemunhas caladas, ó paredes de Lukichk!
No cinzento amanhecer os caminhões aguardavam,
caminhões cobertos com cinzentos encerados[1].

1 Em J. Guinsburg, *Aventuras de uma Língua Errante: Ensaios de Literatura e Teatro Ídiche*, São Paulo: Perspectiva, 1996, p. 373-375.

Itzkhak Katznélson

(1886 – morto em Auschwitz em 1944)

Canções da Fome

Vem, querida, vamos para a rua, morrer
nas ruas sobre as calçadas duras,
leva os nossos filhos, tão pálidos.
Leva o mais velho, leva também o do meio,
o terceiro – ele é ainda muito novo.
Ele conseguirá, porém, como um judeu adulto,
morrer de fome no meio da rua.

28 de maio de 1941[2].

2 Op. cit., p. 349. Tradução de J. Guinsburg.

O Canto do Assassinado Povo Judeu

Clamai da areia, debaixo de cada pedra,
clamai do pó, de todas as labaredas,
de todas as fumaças!
É vosso sangue seiva, medula de vossos ossos,
é vossa carne e vida – gritai bem alto, para que vos ouçam!
Das entranhas das feras nas florestas e dos peixes dos rios,
gritai – que vos devoraram!
Gritai dos fornos crematórios! Vosso clamor quero ouvir,
vossa voz, vosso gemido de dor...
Gritai, ó assassinado povo judeu! Gritai, gritai, bem alto![3]
. . . .

Poema encontrado ao pé de uma árvore no campo de concentração de Vitel (França).

3 Op. cit., p. 350. Tradução de Éster Feldman e Geir Campos.

Léa Rudnitzki

(1916, morreu em Maidanek em 1943)

E Rubra É a Neve…

O primeiro:
Os minutos explodem com chumbo e com sangue,
e rubra é a neve.
Rubro é o rastro disforme
dos passos que eu dou… que eu dou.

O segundo:
Ei, ei!
Terás u'a camisa cobrindo-te as chagas?
Um canto de cama para o amargo descanso
um raio de sol, o pão sobre a mesa
e uma faca também?

O primeiro:
Lá,
na soleira de pedra da casa deserta,
minha dor algemada vigia.
E à noite,
quando a mão do meu sonho para lá me conduz,
as estrelas são lágrimas, caindo do alto.

O segundo:
Deixa a mão do teu sonho na estrada
que vai para a angústia dos dias extintos.
Não cerres agora teus olhos!
Na torre do Mundo
em ousadas batidas
a Hora chegada proclama:
Em guarda! Em guarda![4]
. . . .

4 Tradução de J. Guinsburg.

O Fugitivo da Ilha da Morte

Ide, ó, fantasmas!
Despedaço todos os céus
e a terra incendeio
com as chamas de meu corpo;
arranco meu coração
com todo o seu sangue
e o coloco aqui
nas palmas de minhas mãos.
Ha, ha, ha...

Que faço agora na angústia noturna?
Quem sou eu?
Um murmúrio de folhas,
um sopro de vento,
que se esvai
e se desvanece
como se nunca existisse?

Talvez eu seja
o uivo de um cão,
que erra ferido
por montes, por vales
que cai e agoniza onde houver uma palha
morrendo sem eco,
assim simplesmente...

Terei porventura nascido
em leito materno,
sob a carícia de luzes
e o sorriso de lábios
ao som de uma prece
por anos felizes?
E talvez?

E talvez – em sótãos,
em porões e em covas,
o pulsar de corações
em diabólica febre;
quando se ouve um olhar
e os olhos são ouvidos,
a alma e o corpo –
uma só e grande espreita;
quando as corujas se apressam
e se retorcem os gemidos,
fulja entre os dentes
um grito agrilhoado:
E se?

Sumi, ó, fantasmas,
parti, ó, lúgubres visões!
Por portas e janelas,
com machados e punhais,
com machados e punhais…

Crânios, crânios, crânios.
E olhos –
luas entreabertas,
apunhaladas
e destroçadas
sobre escadas terrenas.

E pulsam,
e se agitam
e se enroscam corpos, entranhas
como vermes talhados
a golpes de unhas.
E todos juntos –
abraçados, ligados,
irmanados e unidos
por areias montantes
e purpúreos bolores.

E o silêncio é como em ilhas de anos cercadas
onde não ressoa um só acorde diáfano e alegre.
Mas apenas corvos e corvos
bicando penumbras,
ao som lancinante dos hinos tumulares.
Cra, cra, cra…[5]

5 Tradução de J. Guinsburg.

Avrom Sútzkever

(1913)

As Chapas de Chumbo da Tipografia Rom (1943)

Nós, como dedos esticados através de grades
para agarrar o luminoso ar da liberdade –
nos estendíamos pela noite para levar as chapas,
as chapas de chumbo da tipografia Rom.
Nós, sonhadores, devemos tornar-nos soldados
e fundir em projéteis o espírito do chumbo[6].

6 Op. cit., p. 379. Tradução de J. Guinsburg.

Do seu Diário Poético

Recebi uma carta de minha cidade natal na Lituânia
de alguém cuja graça juvenil ainda tem poder em algum lugar.
Ela incluiu o seu carinho e o seu tormento:
Um talo de grama de Ponar.
O talo com uma névoa bruxuleante, moribunda,
acendeu letra após letra as faces das letras.
E sobre os rostos das letras em cinzas murmurante:
O talo de grama de Ponar.
O talo é agora meu mundo, minha casinha de brinquedo
onde crianças tocam violino numa fila chamejante.
Elas tocam violino e o maestro é lendário:
O talo de grama de Ponar.
Deste talo de grama não vou mais me separar.
Minha terra saudosa dará para ambos um lugar.
E então levarei uma dádiva ao Senhor:
O talo de grama de Ponar* [7].

* Um local aprazível, a dez quilômetros de Vilna, onde os nazistas fuzilaram milhares de judeus do gueto e os enterraram em enormes valas coletivas (N. da T.).

7 Op. cit., p. 382. Tradução de J. Guinsburg.

11.

O Ídiche no Brasil

J. Guinsburg

Não há como determinar com precisão quando o ídiche desembarcou no Brasil. Pois, se é óbvio que nas caravelas de Pedro Álvares Cabral os eventuais tripulantes de extração judaica eram certamente sefaraditas, nada impedia que alguns aschkenazitas estivessem perdidos em seu meio, cristãos-novos entre cristãos-novos, trocando ideias e impressões (*Oi*, Bahia!) no seu jargão de origem. Tampouco nada garante que entre os correligionários de Isaac Aboab da Fonseca, em Recife, não houvesse alguns aventurosos "hijos de algo", que de fato fossem "alemães" ou, mesmo, de *là-bas*, polacos e quejandos de Aschkenaz, pois de há muito faziam eles ouvir em Amsterdã as vozes de seu estranho linguajar e não hesitavam mesmo em elevá-las às alturas em congregações e sinagogas próprias.

Mas, sem nos prolongarmos nestas especulações e nos emaranharmos em suposições que nem a ciência da velha nem da nova Cabala reveladas conseguem certificar, pode-se dizer com algum fundamento que, entre os judeus vindos no século XIX da Alsácia e da Alemanha, falantes sem dúvida da língua de Racine e Goethe, muitos, na reclusão de seus monólogos interiores ou na publicidade de seus diálogos em família ou em grupo, tinham comércio linguístico com o dialeto que a Ilustração e as novas liberdades se empenhavam em fazê-los abandonar, senão esquecer, para que não ficassem expostos aos barbarismos idiomáticos de que falava Mendelssohn, em ídiche.

Todavia, nem os vestígios que nos deixaram estes possíveis precursores da locução ídiche no Brasil, nem os improvisos deste artigo ao correr da pena nos permitem ir adiante, sem pejo, neste terreno. E as verificações que se fazem necessárias ficam para os que se disponham a extraí-las da poeira de sábios arquivos ou do suor de científicas pesquisas. Se tão sublimes lides do conhecimento não os empolgar, poderão sempre transferir os seus encargos a um pós-graduando à procura de um tema.

De minha parte, e mudando de registro e de tom, só posso afiançar que, pelo que sei, o ídiche começou a aportar nestas plagas, de maneira palpável, em fins do século XIX e inícios do século XX com as malas ou as trouxas de três tipos de imigrantes: gente muito respeitável que veio em pequenos grupos para centros urbanos como Rio, São Paulo etc., gente ainda mais respeitável que veio mais compactamente para as colônias agrícolas do Rio Grande do Sul, e gente talvez não tão respeitável, porém não menos gente, que veio Deus sabe como, individualmente ou aos pares, para suprir, sob alcunha "polaca", as necessidades locais em matéria de prostitutas e cáftens.

Quanto ao último contingente, vinculado ao judaísmo por origem e por práticas religiosas identificatórias, mas insulado em sua marginalidade social, tudo indica que tenha tido um papel extremamente reduzido na dinâmica da circulação e da manutenção do *mameloschn* como língua grupal. Sua presença só se fez notar, até certo ponto, e não sem escândalo, nas récitas de teatro ídiche, ou melhor, de um certo teatro ídiche, sobretudo o de variedades.

É aos dois primeiros grupos mencionados mais acima, profissionalmente mais prosaicos em suas ocupações de mascates, alfaiates, comerciantes, artífices, operários e até agricultores, que se deve o estabelecimento das novas comunidades judaicas no país, de suas instituições sociais e culturais, além das religiosas, em boa parte esteadas no uso do *mameloschn*, não só como meio de comunicação intragrupal, mas também como expressão de sua individualidade coletiva e de uma ativa promoção desta. Na medida de suas dimensões demográficas, de seu *status* econômico, de seu nível educacional e de suas configurações políticas, tais imigrantes deram origem a escolas, associações, facções partidárias, bibliotecas, teatros, jornais, revistas, livros, eventos e manifestações distintivas em língua ídiche, que só tinham como contrapeso o processo regular de aculturação e de absorção dos diversos agentes e fatores do universo contextual.

Nos fins dos anos de 1930 e nas décadas de 40 e 50, o processo parecia ter tomado corpo. Mas suas raízes locais eram na verdade extremamente superficiais, sem densidade populacional nem centro de gravidade para sustentá-las e garantir sua consolidação. O idioma estava fadado a estiolar-se. Nem o ingresso das novas gerações, mesmo quando saídas das escolas comunitárias, veio reforçá-lo; muito ao contrário, a língua (à exceção de palavrões e expressões idiomáticas) e a cultura imigradas bem depressa tornaram-se passivas. Se um grande número desses jovens ainda entendia o *mameloschn* e/ou o falava com os pais, a esta altura já idosos, não o empregavam como o seu veículo principal de comunicação linguística e muito menos de expressão cultural.

É claro que outros fatores também intervieram com maior ou menor peso. Um deles resultou do surgimento do Estado de Israel que, pelo modo como o ideário sionista o formulou, acabou despolarizando o judaísmo aschkenazita, do ídiche em favor do hebraico. Deve-se considerar também como elemento de assimilação às dominantes culturais, em detrimento do ídiche, a maior abertura da sociedade brasileira no período posterior à Segunda Grande Guerra do que o era em épocas anteriores. Concomitantemente, dá-se o fato de a função aglutinadora do *mameloschn* haver perdido, no tocante ao seu coletivo, o poder e o sentido que detinha como instrumento prioritário de comunicação, sem que viesse a ser fortalecida por novas levas de imigrantes e respaldada por potentes centros externos de radiação original no universo de Aschkenaz, talado pelo Holocausto.

Nesta perspectiva, nos anos 70 e 80, o ídiche no Brasil ficou quase inteiramente circunscrito a círculos familiais e a grupos aschkenazitas ideologicamente ligados à manutenção de uma identidade judaica expressa na chamada "língua do povo". Em caldo tão magro, o ídiche desfibrilou-se e chegou mesmo a ser relegado ao esquecimento.

Ao termo da década de 80, no mundo todo, e por motivos vários, inclusive talvez pelas próprias reações centrípetas das etnias e da revitalização das suas especificidades em face das tendências centrífugas da globalização, assistimos a um movimento de revalorização – entendido por muitos como um *revival* – do ídiche na maior comunidade judaica da Diáspora, a dos Estados Unidos, bem como em Israel.

Este fenômeno assumiu a feição de uma reaquisição ou cultivo do *mameloschn* e de sua produção cultural envoltos em romântica aura musical, odorífera e culinária, mas também filósofico-poética e antropológica, por círculos de menor ou maior envergadura com atuação nas universidades, nos centros culturais e em grupos de entusiastas, que têm procurado, com alguma ressonância, mobilizar as jovens gerações para tal legado e transmitir-lhe sua mensagem.

A este quadro é preciso acrescentar ainda um desenvolvimento recente na vida comunitária judaica, definido pelo forte perfil assumido por certos grupos religiosos de tronco aschkenazita que, por razões igualmente religiosas, se comunicam em ídiche como fala puramente utilitária de seu dia-a-dia, porém não o promovem no plano da norma superior da cultura religiosa, o qual é reservado para a língua da *Torá*.

Assim, compreende-se que o ídiche no Brasil esteja condenado, no momento, a ser objeto de cultivo por grupos que redescobriram as virtudes e os encantos deste idioma e de seu riquíssimo acervo e que o transformam também em tópico de estudos restaurativos e/ou acadêmicos, mas que, apesar do louvável esforço merecedor de todo apoio, não podem restituir-lhe, nem por via da internet, a seiva vital de uma *folkschprakh*, uma língua do povo. E tal carência faz com que não se possa augurar-lhe, com base objetiva, algum futuro *ressurgimento* com as funções, o poder e a amplitude que teve na sua Aschkenaz de nascimento ou de adoção, a não ser que intervenham transformações históricas, sociais e estruturais absolutamente imprevisíveis – um salto revolucionário no mundo da *science fiction*, o que não cairia fora da realidade em um mundo cibernético.

Logo, amemos o ídiche, preservemos de algum modo o seu extraordinário legado humanístico e cultural, mas não nos deixemos levar por nenhum complexo de culpa, nem tentemos idealizar o seu papel.

Dados Biobibliográficos dos Autores

Fabio Landa

Médico e psicanalista, é doutor pela Universidade Paris 7; pós-doutor pela École de Hautes Études en Sciences Sociales e pela Universidade Paris 4. Maître de conférences em Filosofia. Estudos de psicanálise, principalmente com Pierre Fédida e filosóficos, sobretudo com Jacques Derrida. Autor de *Ensaio sobre a Criação Teórica em Psicanálise* e de vários artigos publicados, sobretudo no *Coq Heron* e *Les Temps Modernes*. Tradutor para o português do Brasil de textos de Lévinas e Derrida.

Renato Lessa

É professor titular de teoria e filosofia política do Instituto Universitário de Pesquisas do Rio de Janeiro (Universidade Candido Mendes) e da Universidade Federal Fluminense. É pesquisador do CNPq e preside o Instituto Ciência Hoje. Doutor em Ciência Política (Iuperj, 1992), realizou estágios de pós-doutoramento na American University (EUA, 1994), na Universidade de Lisboa (2004) e na École des Hautes Études en Sciences Sociales (Paris, 2005). No campo da filosofia política publicou a respeito do ceticismo e da experiência da Schoá, com destaque para os livros *Veneno Pirrônico* (Francisco Alves, 1997), *Agonia, Aposta e Ceticismo* (Editora da UFMG, 2003) e para o ensaio "Pensar a Shoah", no livro *Tribunal da História*, organizado por Saul Fuks (Relume Dumará, 2005).

Sergio Paulo Rouanet

Pós-graduação em economia, ciência política e filosofia, doutorado pela USP em Ciência Política. Membro da Academia Brasileira de Letras, do Instituto Histórico e Geográfico e da Academia Brasileira de Filosofia. Autor, entre outros, de *Édipo e o Anjo – Itinerários Freudianos em Walter Benjamin*, *As Razões do Iluminismo*, *O Mal-Estar na Modernidade*, *Os Dez Amigos de Freud*, e *Riso e Melancolia*.

Eduardo Vidal

Psicanalista, membro da Escola Letra Freudiana, mestre em Filosofia pela PUC, Rio de Janeiro, com uma dissertação sobre o conceito de repetição. Traduções de Freud e escritos sobre o seu texto. Autor de escritos que indagam da relação entre a psicanálise e a literatura, principalmente sobre a questão de Joyce em relação à língua e à invenção do significante.

Marylink Kupferberg

Psicanalista. Doutora em psicologia clínica pela PUC-Rio. Membro do Fórum do Círculo Psicanalítico do Rio de Janeiro. Orientadora da pesquisa *As Versões do Pai em Psicanálise* do núcleo permanente do grupo de pesquisa Os Primórdios da Vida Psíquica – Clínica dos Primeiros Anos, no Círculo Psicanalítico do Rio de Janeiro.

Márcio Seligmann-Silva

É doutor pela Universidade Livre de Berlim, pós-doutor por Yale, professor livre-docente de teoria literária na Unicamp e pesquisador do CNPq. É autor dos livros *Ler o Livro do Mundo. Walter Benjamin: Romantismo e Crítica Poética* (Iluminuras/Fapesp, 1999), *Adorno* (PubliFolha, 2003) e o *Local da Diferença* (Editora 34, 2005); organizou os volumes *Leituras de Walter Benjamin* (Annablume/Fapesp, 1999), *História, Memória, Literatura: O Testemunho na Era das Catástrofes* (Editora da Unicamp, 2003) e *Palavra e Imagem, Memória e Escritura* (Argos, 2006) e coorganizou *Catástrofe e Representação* (Escuta, 2000).

Paulo Blank

É psicanalista e doutor em comunicação e cultura pela UFRJ. Vem lecionando e publicando ensaios sobre temas judaicos desde 1966. É autor de *Cabala, O Mistério dos Casais* (Relume Dumará, 2005), *O Tal do Judeu* (Poesia, Tikun Olam, 1989).

Edelyn Schweidson

É psicanalista, doutora em psicologia clínica pela New School for Social Research, em Nova York, pós-doutora pelo CNPq através de bolsa para pesquisa junto aos meninos de rua do Rio de Janeiro e suas criações ficcionais. Artigos publicados sobre psicanálise e cultura, mundos míticos dos meninos de rua, Walter Benjamin, Primo Levi, trauma e testemunho, psicanálise e seus públicos, notas sobre o terrorismo.

J. Guinsburg

É professor de estética teatral e teoria do teatro da Escola de Comunicações e Artes da Universidade de São Paulo, jornalista, crítico literário e teatral e editor. Publicou, entre outros, *Motivos* (ensaio de literatura), *Stanislávski e o Teatro de Moscou*; *Leoni de'Sommi: um Judeu no Teatro da Renascença Italiana*; *Diálogos sobre Teatro* (coautor); *Aventuras de uma Língua Errante: Ensaios de Literatura Ídiche*; *Stanislávski, Meirhold e Cia.*; *Da Cena em Cena*. Tradutor das obras de Descartes, Diderot, Lessing, Kleist, Büchner, Nietzsche, Strindberg, An-Ski, Pirandello, Sartre entre outras.

Índice Onomástico

COLEÇÃO PERSPECTIVAS

Eleonora Duse: Vida e Arte
Giovanni Pontiero.

Linguagem e Vida
Antonin Artaud.

Aventuras de uma Língua Errante
J. Guinsburg.

Afrografias da Memória
Leda Maria Martins.

Mikhail Bakhtin
Katerina Clark e Michael Holquist.

Ninguém se Livra de Seus Fantasmas
Nydia Lícia.

O Cotidiano de uma Lenda
Cristiane Layher Takeda.

A Filosofia do Judaísmo
Julius Guttman.

O Islã Clássico: Itinerários de uma Cultura
Rosalie Helena de Souza Pereira.

Todos os Corpos de Pasolini
Luiz Nazario.

Fios Soltos: A Arte de Hélio Oiticia
Paula Braga (org.).

História dos Judeus em Portugal
Meyer Kayserling

Os Alquimistas Judeus
Raphael Patai

Memória e Cinzas: Vozes do Silêncio
Edelyn Schweidson (org.)

Este livro foi impresso em São Paulo
nas oficinas da Bartira Gráfica e Editora S.A.,
em dezembro de 2009, para a Editora Perspectiva S.A.